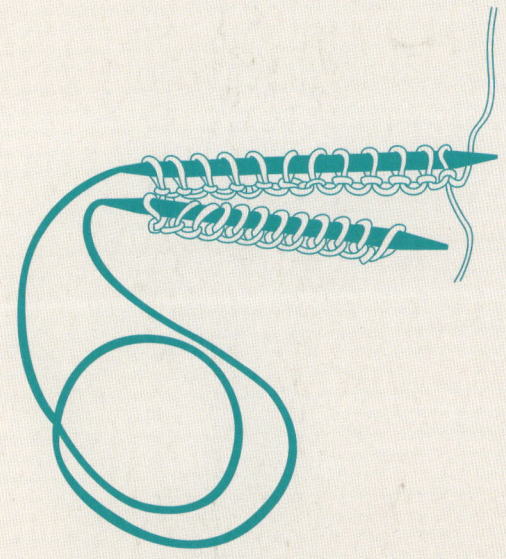

처음 시작하는 니트 교과서 1
바느질 없이 만드는 손뜨개 니트
초보자도 쉽게 만드는 손뜨개 옷

지은이	크리스틴 텐다이크
옮긴이	정지인
펴낸이	한광희
펴낸곳	(주)예경북스
편집	최미혜
디자인	땡스북스 스튜디오 김욱

초판 인쇄	2013년 11월 18일
초판 발행	2013년 11월 29일

출판등록	2012년 8월 1일(제300-2012-146호)
주소	서울특별시 종로구 평창2길 3, 1층
전화	396-3043
팩스	396-3044

ISBN	979-11-85256-04-7 (14590)
	979-11-85256-03-0 (14590) (세트)

Finish-Free Knits Copyright ©2012 by INTERWEAVE PRESS
Korean translation Copyright ©2013 by Yekyong Books
The korean translation right arranged with INTERWEAVE PRESS, an Imprint of F+W Media, Inc.
through Agency-one, Seoul, Korea

이 책의 한국어판 저작권은 에이전시 원을 통해 저자와의 독점 계약으로 (주)예경북스에 있습니다.
저작권법에 의해 한국 내에서 보호를 받는 저작물이므로 무단전재와 무단복제를 금합니다.

책값은 뒤표지에 있습니다.

이 도서의 국립중앙도서관 출판시도서목록(CIP)은
서지정보유통지원시스템 홈페이지(http://seoji.nl.go.kr)와
국가자료공동목록시스템(http://www.nl.go.kr/kolisnet)에서
이용하실 수 있습니다.(CIP제어번호: CIP2013021932)

바느질
없이
만드는
손뜨개
니트

크리스틴 텐다이크 지음
정지인 옮김

Finish-free Knits

초보자도 쉽게 만드는 손뜨개 옷

예경

지은이 크리스틴 텐다이크 Kristen TenDyke
니트웨어 디자이너이자 뜨개 관련 테크니컬 에디터입니다. 그녀의 디자인들은 《Weekend Hats》, 《Knitting Green》, 《The Knitter's Handy Book of Top-Down Sweaters》를 비롯하여 섬유 관련 여러 출판물에 실렸습니다. 최근에는 Caterpillar Knits를 런칭했고, 이전까지 Classic Elite Yarns에서 일했습니다. 현재 메인 주에 살고 있습니다.

옮긴이 정지인
부산대학교 독어독문학과를 졸업하고 영어와 독일어로 된 책을 우리말로 옮기는 일을 하고 있습니다. 《멀어도 얼어도 비틀거려도》, 《사물의 언어》, 《합리적 행복》, 《진짜냐 가짜냐 모델이냐》, 《군인은 축음기를 어떻게 수리하는가》, 《뱀파이어, 끝나지 않는 이야기》, 《상식의 배반》, 《버림받은 천사들》, 《르네상스의 마지막 날들》(공역), 《르네상스의 비밀》(공역), 《그림과 눈물》, 《죽기 전에 꼭 봐야 할 영화 1001편》, 《죽기 전에 꼭 들어야 할 앨범 1001》(공역) 등을 우리말로 옮겼습니다.

일러두기

1. ✽ → 152쪽의 용어설명을 참조하라는 표시입니다.
2. 모든 콧수는 "99(108, 118, 128, 137, 147, 157)코"처럼 괄호 밖 숫자 하나와 괄호 속 숫자 여섯 개로 표시되어 있습니다. 이는 각 사이즈별로 콧수를 표시한 것이므로, 자기가 뜨려는 사이즈와 같은 순서의 콧수를 뜨면 됩니다. 예를 들어 8쪽에 있는 〈탱크탑〉은 86.5(94.5, 103.5, 112.5, 120, 129, 138)cm의 일곱 가지 사이즈가 있는데 만약 가슴둘레 103.5cm가 되는 옷을 뜨려면, 괄호 속 두 번째 적힌 콧수대로 뜹니다.
3. 본 책에서 사용한 바늘 중에는 우리나라에서 유통되지 않는 사이즈도 있으므로 비슷한 크기의 다른 바늘로 적절히 대체하여 사용하시기를 바랍니다.

contents

introduction 들어가면서 6
1. **Tank Top** 탱크 탑 8
2. **Lace Tunic** 레이스 튜닉 13
3. **Lace One-Piece** 레이스 원피스 16
4. **Bliss Top** 블리스 탑 25
5. **Lace-Panel Tunic** 레이스 패널 튜닉 31
6. **Twist Shrug** 꽈배기 슈러그 38
7. **Yoke Pullover** 요크 풀오버 45
8. **Hood Vest** 후드 베스트 51
9. **Half-Sleeve Cardigan** 반팔 카디건 58
10. **Strappy Top** 끈이 달린 탑 67
11. **V-neck Knit** 브이넥 니트 75
12. **Twist Sweater** 꽈배기 스웨터 82
13. **Leaves Pattern Half-Sleeve knit** 나뭇잎 무늬 반팔 니트 92
14. **Fair Isle Pattern Sweater** 페어아일 무늬 스웨터 99
15. **Wave Pattern Tunic** 물결무늬 튜닉 105
16. **Ring Pattern Cotton Bolero** 고리무늬 면 볼레로 111
17. **Khaki Cardigan** 카키색 카디건 119
18. **Pocket Sweater** 주머니 스웨터 127
19. **Shawl Collar Sweater** 숄칼라 스웨터 135
20. **One Button Cardigan** 원버튼 카디건 145

glossary 용어설명 152

Sources for Yarn 털실 재료 160

introduction
들어가면서

우리 할머니는 바느질을 굉장히 좋아하셨다. 꼬마 시절의 나는 할머니가 만든 예쁜 인형과 옷들에 열광했다. 내가 초등학교에 다니던 시절 할머니는 수차례 내게 바느질을 가르치려고 시도하셨지만, 나는 손바느질이든 재봉틀 바느질이든 헝겊을 재단하여 다시 꿰매 붙이는 기술을 끝내 완벽하게 내 것으로 소화하지 못했다. 내가 바느질한 것들은 죄다 어딘지 엉성했고, 원단 사이 틈이 벌어지게 꿰매졌거나 솔기가 비뚤비뚤하거나 몸에 잘 맞지 않았다. 그렇게 천과 실로 무언가를 창조하는 기술은 부족했지만, 나는 그 창조 과정에는 홀딱 반해버렸다. 단순한 무엇을 변형하여 독특하고 기능적인 완성품으로 만들어내는 과정이 참 좋았다. 손으로 만들 수 있는 것들은 정말 무궁무진하니 말이다.

비슷한 시기에 어머니에게서 배운 코바늘뜨기는 내 맘에 쏙 드는 창조 방식이었다. 도안 읽는 법도 모르던 어린 내가 코바늘뜨기를 특히 마음에 들어 했던 것은, 계속 빙빙 돌려가며 뜨면서 도중에 크기를 맞춰보아 적당한 위치에서 코를 늘리거나 줄이기만 하면 따로 바느질해 꿰매지 않아도 잘 맞는 무언가가 만들어지기 때문이었다.

20대가 되어 대바늘뜨기를 배우면서 내가 처음으로 떴던 몇 벌의 스웨터는 앞판과 뒤판 그리고 소매를 따로 떠서 연결하는 방식이었다. 그중 일부는 지금까지도 솔기를 꿰매지 못해 따로 떨어진 채 남아 있고, 그나마 완성한 것들도 결코 완벽하다고 할 수 없다. 스웨터의 구조에 대해 점점 자세히 배워나가고 언제부턴가 직접 패턴을 만들게 되면서, 나는 코바늘뜨기에서 내가 좋아했던 점을 활용하기 시작했다. 원통형으로 뜨면서 필요한 곳에서 코를 늘리거나 줄여가면 솔기를 연결하지 않아도 스웨터를 완성할 수 있었다.

이 책에 소개한 편물들을 디자인할 때 나는 즐겁게 뜰 수 있을 뿐 아니라 완성되어 입을 때도 기쁨을 맛볼 수 있는 옷들을 만드는 데 중점을 두었다. 그렇게 해서 형태도 크기도 다양한 체형에 고루 잘 맞는 편안하고 캐주얼한 디자인의 옷들이 만들어졌다. 이 디자인들이 더 많은 사람들에게 손뜨개 옷 만들기를 시도하고 또 끝까지 완성할 수 있도록 격려하고 용기를 주었으면 좋겠다.

내가 아는 사람들 중에도
각 부분을 연결할 자신이 없거나 귀찮아서
모자나 양말, 목도리만 뜨는 이들이 많다.

이 책에는 초보자부터 숙련자까지 누구나 만들어볼 수 있도록 단순한 패턴부터 난이도가 있는 패턴까지 골고루 담겨 있다. 맨 처음 소개한 탱크 탑은 안뜨기 없이 겉뜨기로만 뜨며 코 줄임도 단순하고 단춧구멍 몇 개만 만들면 완성되니 초보자도 쉽게 뜰 수 있는 옷이다. 레이스 무늬가 들어간 스웨터의 경우에도 쉽게 만들 수 있는 무늬인데다가, 무늬뜨기 패턴에 방해가 되지 않는 방식으로 옷 모양이 완성된다. 옆으로 뜨는 스웨터나 목선에서부터 아래로 떠 내려가는 탑다운(Top-Down) 방식 스웨터는 뜨는 동안 언제든 몸에 맞춰볼 수 있다는 장점이 있다. 〈꽈배기 슈러그〉(38쪽)는 뒤판 중심의 꽈배기 패널부터 뜬 다음 이 패널의 양쪽 옆선에서 각각 코를 주워 손목 쪽을 향해 떠가며 소매를 완성한다. 좀 더 숙련된 사람들을 위해서는, 캡소매나 주머니를 만드는 흥미로운 기법들을 시도해볼 수 있는 패턴들이 많이 실려 있다. 무엇보다 중요한 것은 모든 디자인이 솔기 없이 완성되므로 따로 바느질을 할 필요가 없다는 점이다. 전체 구조와 형태가 뜨는 도중에 완성되니 마지막 단에서 코막음만 하면 모든 과정이 끝난다.

도중에 익숙하지 않은 기법이 나오더라도 꼭 시도해보기를 권한다. 이 책에 실린 옷들을 만드는 데 필요한 모든 정보는 이 책 안에(팁이나 뜨개 가이드나 용어설명) 실려 있다. 만약 어떤 패턴에서 용어설명의 어느 부분을 참고하라고 명시되어 있지 않더라도 직접 용어설명을 찾아보기를 권한다. 코를 줍는 법, 남은 실꼬리를 편물 속으로 엮어 감추는 법, 블로킹, 단추달기 등 편물에 고루 사용되는 방법들을 모두 거기에서 찾아볼 수 있다. 또 각 편물을 만드는 방법에 곁들여 소개된 팁들도 차근차근 읽어보면, 앞으로 다른 편물을 뜰 때에도 유용하게 활용할 수 있는 비법들을 배울 수 있다.

Tank Top
탱크 탑

이 탱크 탑은 안뜨기는 하지 않고 겉뜨기만으로 뜨며, 약간의 코 줄임과 단춧구멍 몇 개만으로 정말 쉽고 간단하게 완성된다.
앞판과 뒤판의 트인 아랫단을 각각 단면으로 뜬 다음 서로 연결하여 원통뜨기로 겨드랑이까지 떠 올라간다. 그 다음 앞판과 뒤판을 각각 어깨선까지 평면으로 떠 올라가 뒤판 쪽에 단추만 달면,
단순하고도 아름다운 민소매 뜨개 니트가 완성된다.

완성 사이즈
가슴둘레 약 86.5(94.5, 103.5, 112.5, 120, 129, 138)cm
견본 사이즈는 86.5cm

실
굵기: 합태사(Sportweight)
견본에 사용한 실: Classic Elite 사의 Allegoro (유기농면 70%, 리넨 30%, 139m/50g)
색상기호 #5656 larkspur 5(6, 6, 7, 8, 8, 8)볼

바늘
트임단: 3.5mm
몸통: 3.75mm 길이 60cm의 줄바늘
게이지가 정확히 맞지 않으면 바늘 굵기를 바꿔서 조정한다.

기타 준비물
스티치홀더 또는 다른 실, 콧수링, 돗바늘,
지름 1.3cm 가량의 단추 4개

게이지
3.75mm 바늘을 가지고 원통뜨기로
메리야스뜨기를 했을 때 23코 34단=사방 10cm
3.75mm 바늘을 가지고 단면뜨기로
가터뜨기를 했을 때 22코 38단=사방 10cm
(원통뜨기로 계속 겉뜨기를 하면 메리야스뜨기가,
단면뜨기로 계속 겉뜨기를 하면 가터뜨기가 된다.)

앞판 트임단

3.5mm 바늘을 이용해 기본 코 만들기* 방법으로 99(108, 118, 128, 137, 147, 157)코를 만든다. 매 단의 첫 코는 뜨지 않고 실을 편물 뒤로 둔 채 겉뜨기하듯이 걸러뜨기* 한다. 가터뜨기(모든 단 겉뜨기)로 18단을 떠서 안면까지 뜬 다음, 모든 코를 스티치홀더나 다른 실에 끼워 쉼코로 둔다. 실을 적당히 남겨두고 자른다.

뒤판 트임단

앞판 트임단과 똑같이 뜨되 마지막 코는 그대로 두고 실도 자르지 않는다.

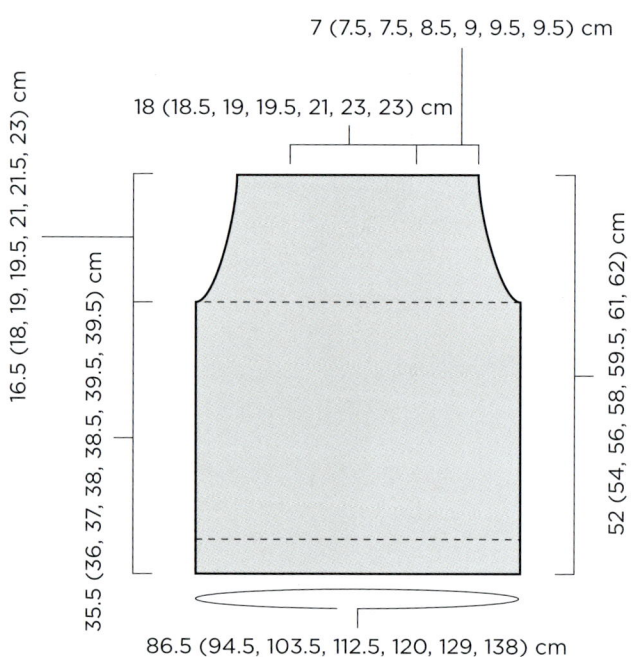

몸통

3.5mm 바늘에 걸려 있는 뒤판 트임단을 겉면을 마주 본 상태로 3.75mm 바늘로 옮겨 뜨는데, 마지막 1코는 실을 편물 뒤로 둔 채 안뜨기하듯이 걸러 뜬다. 줄바늘의 반대쪽 끝에 앞판 트임단의 코를, 겉면이 이어질 수 있도록(즉 자른 실 꼬리가 바늘끝 쪽으로 가도록) 옮긴다. 뒤판의 걸러 뜬 마지막 1코를 다시 왼쪽 바늘로 옮긴 다음, 첫 2코(즉 앞판과 뒤판에서 각 1코씩)를 2코 모아 겉뜨기*하고, 1코가 남을 때까지 앞판 끝까지 겉뜨기한다. 남은 1코와 뒤판의 첫 코를 2코 모아 겉뜨기하여 원통으로 연결한다. 이때 코들이 꼬이지 않도록 조심한다. 바늘에 196(214, 234, 254, 272, 292, 312)코가 남아 있다. 콧수링을 걸어 단이 시작되는 부분을 표시한다.

편물의 길이가 시작 단부터 35.5(36, 37, 38, 38.5, 39.5, 39.5)cm가 될 때까지 메리야스뜨기(계속 겉뜨기)를 계속한다.

앞판과 뒤판 나누기

겉뜨기 95(104, 113, 123, 131, 141, 150)코(뒤판)를 뜬 다음 3(3, 4, 4, 5, 5, 6)코를 코막음하고 겉뜨기 95(104, 113, 123, 131, 141, 150)코(앞판)를 뜬 다음 3(3, 4, 4, 5, 5, 6)코를 코막음한다. 콧수링을 뺀다. 앞판 코들은 스티치홀더나 다른 실에 옮겨 쉼코로 둔다.

뒤판

95(104, 113, 123, 131, 141, 150)코를 다음과 같이 뜬다.

실을 뒤로 둔 채 첫 코를 겉뜨기하듯이 걸러뜨기하고 가터뜨기도 2(0, 0, 0, 0, 0, 0)단을 뜬다.

진동* 만들기

다음 단: (겉면) 겉뜨기하듯이 1코 걸러뜨기하고 나머지 모두 겉뜨기한다.

줄임단: (안면) 겉뜨기하듯이 1코 걸러뜨기하고 2코 모아 겉뜨기한 다음 마지막 3코가 남을 때까지 계속 겉뜨기한다. 오른코 모아뜨기*를 하고 남은 1코를 겉뜨기한다. → 2코가 준다.

위의 2단을 0(2, 6, 10, 12, 14, 17)번 더 반복한다. → 93(98, 99, 101, 105, 111, 114)코가 남는다.

(가터뜨기로 3단 뜨고 줄임단 1번 뜨기)를 12(13, 12, 11, 11, 11, 12)번 반복한다. → 69(72, 75, 79, 83, 89, 90)코가 남는다.

실을 뒤로 한 채 첫 코를 겉뜨기하듯이 걸러뜨기를 하면서 계속 가터뜨기를 하여, 진동이 나뉜 지점에서 16.5(18, 19, 19.5, 21, 21, 21.5, 23)cm가 될 때까지 뜬다. 겉면 단까지 뜨고 멈춘다.

안면을 마주 보고 모든 코를 겉뜨기하듯이 코막음한다.

앞판

쉼코로 두었던 앞판의 95(104, 113, 123, 131, 141, 150)코를 둘 중 굵은 바늘에 옮기고 겉면부터 뜰 수 있도록 실을 연결한다. 뒤판과 같은 방법으로 계속 뜨되, 마지막 겉면 쪽 한 단에서는 다음과 같이 단춧구멍을 만든다.

단춧구멍 만들기: (겉면) 첫 코는 실을 뒤로 한 채 겉뜨기하듯이 걸러뜨고 1(1, 2, 2, 2, 2, 2)코를 겉뜨기한다. 1단으로 단춧구멍 만들기*를 하고, 5(6, 6, 7, 8, 9, 9)코를 겉뜨기하고, 같은 방법으로 단춧구멍을 하나 더 만들고 15(16, 17, 18, 19, 20, 20)코가 남을 때까지 계속 겉뜨기한다. 다시 단춧구멍을 하나 만들고 5(6, 6, 7, 8, 9, 9)코를 겉뜨기하고 단춧구멍을 하나 만들고 끝까지 겉뜨기한다. → 단춧구멍 4개가 만들어진다.

안면 쪽을 마주 본 상태로 모든 코를 겉뜨기하듯이 코막음한다.

마무리

단춧구멍의 위치에 맞게 뒤판에 단추를 단다. 남은 실꼬리는 편물에 엮어 감추고, 치수에 맞게 블로킹*한다.

Lace Tunic
레이스 튜닉

뜨는 과정도 즐겁고 입을 때도 그만큼 기분 좋은 레이스 튜닉은
청바지에도 치마에도 잘 어울리고 간절기에는 시원한 면 반바지에
받쳐 입어도 좋다. 몸판은 피코(picot) 코 만들기 방식으로 시작해서
겨드랑이까지는 레이스 무늬 튜브형으로 떠 올라가다가
가슴 부분에서 맞주름을 잡는다. 요크는 가터뜨기로 만들고,
코를 더 잡아 어깨끈을 만든다. 단순하면서도 여러 가지로
즐거움을 주는 디자인이다.

완성 사이즈
겨드랑이 둘레 대략 73.5(80, 87, 94, 100.5, 107.5, 114.5)cm
가슴둘레와 밑단 둘레 99(106.5, 114.5, 122, 129.5, 137, 145)cm
견본 사이즈는 겨드랑이 둘레 80cm

실
굵기: 병태사(Worsted, DK)
견본에 사용한 실: Knit Picks사의 Simply Cotton Organic Worsted(유기농 면 100%, 150m/100g) 색상기호 marshmallow 3(4, 4, 4, 5, 5, 5)볼

바늘
몸통: 4.5mm 80cm 줄바늘, 양끝이 뾰족한 막대바늘 4~5개
어깨끈: 3.5mm 80cm 줄바늘
게이지가 정확히 맞지 않으면 바늘 굵기를 바꿔서 조정한다.

기타 준비물
콧수링, 돗바늘

게이지
4.5mm 바늘로 레이스 무늬를 떴을 때
16코 25단=사방 10cm
3.5mm 바늘로 가터뜨기를 했을 때
18코 36단=사방 10cm

몸통

※4.5mm 바늘로 꽈배기식 코 만들기* 방법으로 5코를 만든다. 2코를 코막음하고 오른쪽 바늘에 걸린 코를 왼쪽 바늘로 옮긴다(피코 1개 완성). 피코가 52(56, 60, 64, 68, 72, 76)개가 될 때까지 ※표한 부분을 반복한다. → 156(168, 180, 192, 204, 216, 228)코.
코들이 꼬이지 않도록 조심하며 원통뜨기를 할 수 있도록 양 끝을 연결한다.

다음 단: 모든 코를 뒤쪽 고리를 통해 안뜨기한다. 레이스 무늬 차트의 1~12단을 6번 반복한 다음 1~11단까지만 1번 더 뜬다.

주름 만들기 단: 3.5mm 바늘로 바꿔 30(30, 42, 42, 42, 42, 54)코를 겉뜨기하고, 다음 18코에 걸쳐 15쪽 박스를 참고하여 오른쪽 주름을 만들고, 1코 겉뜨기하고 다음 18코에 걸쳐 왼쪽 주름을 만들고 나머지 코를 모두 겉뜨기한다. → 132(144, 156, 168, 180, 192, 204)코가 남는다.

줄임단: 3.5mm 바늘로 35(35, 47, 47, 47, 47, 59)코 안뜨기, 3코 모아 안뜨기*. 남은 코 모두 안뜨기. → 130(142, 154, 166, 178, 190, 202)코가 남는다.

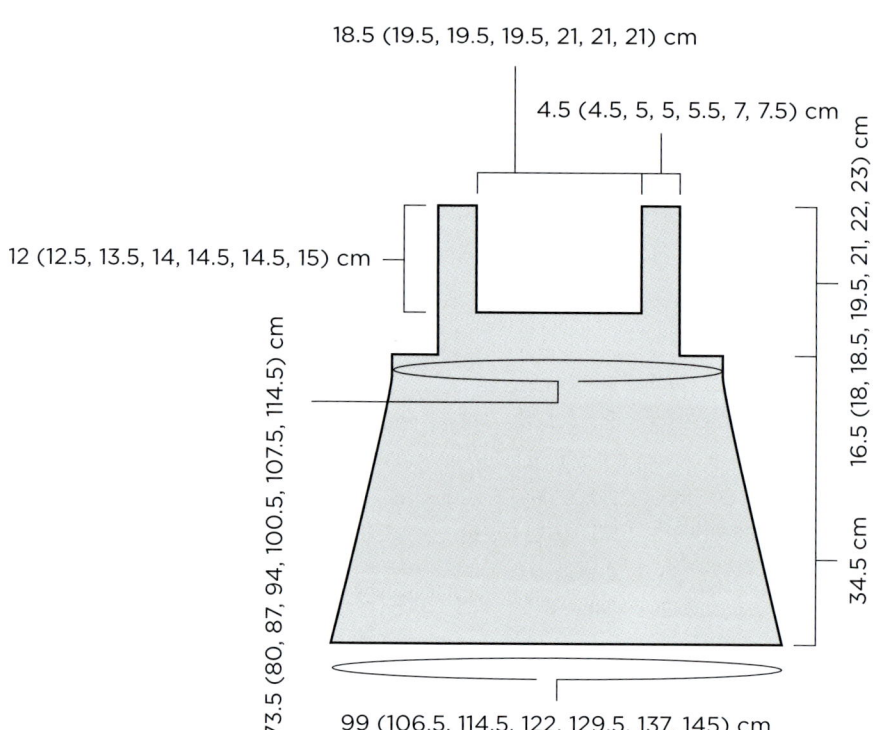

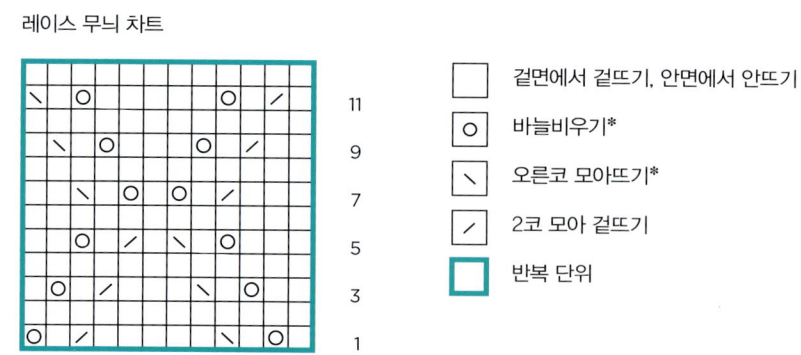

레이스 무늬 차트

□ 겉면에서 겉뜨기, 안면에서 안뜨기
○ 바늘비우기*
\ 오른코 모아뜨기*
/ 2코 모아 겉뜨기
□ 반복 단위

앞뒤 나눠 진동 만들기

11(10, 21, 20, 18, 16, 27)코를 코막음하고, 앞판이 될 49(51, 53, 55, 59, 63, 65)코를 겉뜨기한 다음, 16(20, 24, 28, 30, 32, 36)코를 코막음하고, 뒤판이 될 49(51, 53, 55, 59, 63, 65)코를 겉뜨기하고, 마지막으로 5(10, 3, 8, 12, 16, 9)코를 코막음한다. → 앞판과 뒤판에 각 49(51, 53, 55, 59, 63, 65)코씩 남는다. 실을 자른다.

어깨끈 코 만들기

※콧수링을 끼우고, 안면이 마주 보이도록 편물을 돌린 다음 꽈배기식 코 만들기 방법으로 58(62, 66, 70, 74, 78, 82)코를 만든 다음, 콧수링을 끼우고, 겉면이 마주 보이도록 편물을 돌린다. 앞판의 49(51, 53, 55, 59, 63, 65)코를 안뜨기한다. ※표한 부분을 반복하여 두 번째 어깨끈과 뒤판을 뜬다. → 총 214(226, 238, 250, 266, 282, 294)코.

래글런 모양 만들기

줄임단: ※2코 모아 겉뜨기, 콧수링 앞에 2코 남을 때까지 겉뜨기, 오른코 모아뜨기. ※표한 부분 3번 더 반복. → 8코가 준다.

안뜨기로 1단을 뜬다.

위의 2단을 6(6, 7, 8, 9, 11, 12)번 더 반복하고, 줄임단을 1번 더 뜬다. → 어깨끈으로 각 42(46, 48, 50, 52, 52, 54)코씩, 앞판과 뒤판에 각 33(35, 35, 35, 37, 37, 37)코씩 총 150(162, 166, 170, 178, 178, 182)코가 남는다.

모든 코를 안뜨기하듯이 코막음한다.

마무리

남은 실꼬리를 편물에 엮어 감추고, 치수에 맞게 블로킹*한다.

맞주름 만드는 방법

맞주름은 일정한 부분의 코들을 겹쳐 한꺼번에 떠서 만든다. 이렇게 하면 콧수가 주는 동시에 편물에 주름이 예쁘게 잡힌다. 이 튜닉에서는 오른쪽 주름을 만들고 바로 이어서 왼쪽 주름을 만든다.

오른쪽 주름: 양끝이 뾰족한 막대바늘에 첫 6코를 옮기고, 다른 막대바늘 하나에 다음 6코를 옮긴다. 두 막대바늘을 작업 중이던 줄바늘과 함께 겹치는데 이때 첫 번째 막대바늘이 제일 앞, 두 번째 막대바늘이 가운데, 줄바늘이 제일 뒤로 가도록 한다.(그림 참조) 세 바늘에 걸린 첫 코들을 3코 모아 겉뜨기한다. 각 바늘에 남은 5코도 같은 방법으로 뜬다. → 12코가 준다.

왼쪽 주름: 다음 6코를 막대바늘에 옮기고, 그 다음 6코를 다른 막대바늘에 옮긴다. 두 막대바늘과 줄바늘을 겹치되, 이번에는 첫 번째 막대바늘이 제일 뒤, 두 번째 막대바늘이 가운데, 줄바늘이 제일 앞으로 가도록 한다. 세 바늘에 걸린 첫 코들을 3코 모아 겉뜨기한다. 각 바늘에 남은 5코도 같은 방법으로 뜬다. → 12코가 준다.

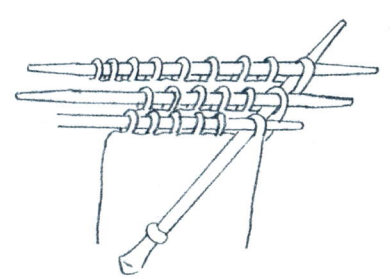

왼쪽 주름

Lace One-Piece
레이스 원피스

단순한 레이스 무늬만으로 눈길을 사로잡는 사랑스러운 원피스이다. 치맛단부터 가슴까지 이어지는 레이스 부분은 점점 가는 바늘로 바꾸어가며 뜸으로써 몸매가 돋보이는 플레어 모양을 자연스럽게 살린다. 10코 단위를 반복해서 뜨는 무늬 부분에서는 콧수링을 사용하여 실수를 방지하고, 일단 실수를 하더라도 일찍 발견할 수 있도록 자주 콧수를 세어보는 것이 좋다. 레이스 무늬 윗부분의 가터뜨기 이랑에 잘 어울리는 색 리본을 엮어 넣으면 멋진 포인트를 줄 수 있다.

완성 사이즈
가슴둘레 약 75(83, 92, 100.5, 109, 117.5, 126.5)cm
견본 사이즈는 83cm

실
굵기: 병태사 (Worsted, DK)
견본에 사용한 실: Classic Elite Yarns 사의 Classic Silk(면 50% 실크 30% 나일론 20%, 123m/50g) 색상기호 #6967 wave break(teal) 5(6, 6, 7, 7, 8, 9)볼

바늘
몸통: 3.75mm, 4mm, 4.5mm, 5mm 80cm 줄바늘
게이지가 정확히 맞지 않으면 바늘 굵기를 바꿔서 조정한다.

기타 준비물
콧수링, 스티치홀더나 다른 실, 돗바늘

게이지
4mm 바늘로 원통뜨기로 메리야스뜨기를 했을 때
19코 28단=사방 10cm
3.75mm 바늘로 원통뜨기로 레이스 무늬를 떴을 때
20코 24단=사방 10cm

스커트

5mm 줄바늘을 가지고 기본 코 만들기* 방식으로 130(150, 170, 180, 200, 210, 230)코를 만든다. 코들이 꼬이지 않도록 조심하면서 원통뜨기로 가터뜨기*를 할 수 있도록 양 끝을 연결한다. 그렇게 하면 연결 부위가 겉면으로 온다. 콧수링을 끼워 단의 시작 부분을 표시한다.

겉뜨기로 1단, 안뜨기로 1단을 뜬 다음 레이스 무늬 차트의 1~8단을 5번 반복해서 뜬다. → 레이스 무늬가 총 40단이 된다.

4.5mm 줄바늘로 바꾸어 차트의 1~8단을 4번 반복한다.

4mm 줄바늘로 바꾸어 차트의 1~8단을 3(3, 3, 4, 4, 4, 4)번 반복한다.

3.75mm 줄바늘로 바꾸어 차트의 1~8단을 3번 반복한다.

안뜨기로 1단, 겉뜨기로 2단, 안뜨기로 1단 뜬다. → 편물이 시작 단부터 약 53.5(53.5, 53.5, 56.5, 56.5, 56.5, 56.5)cm가 된다.

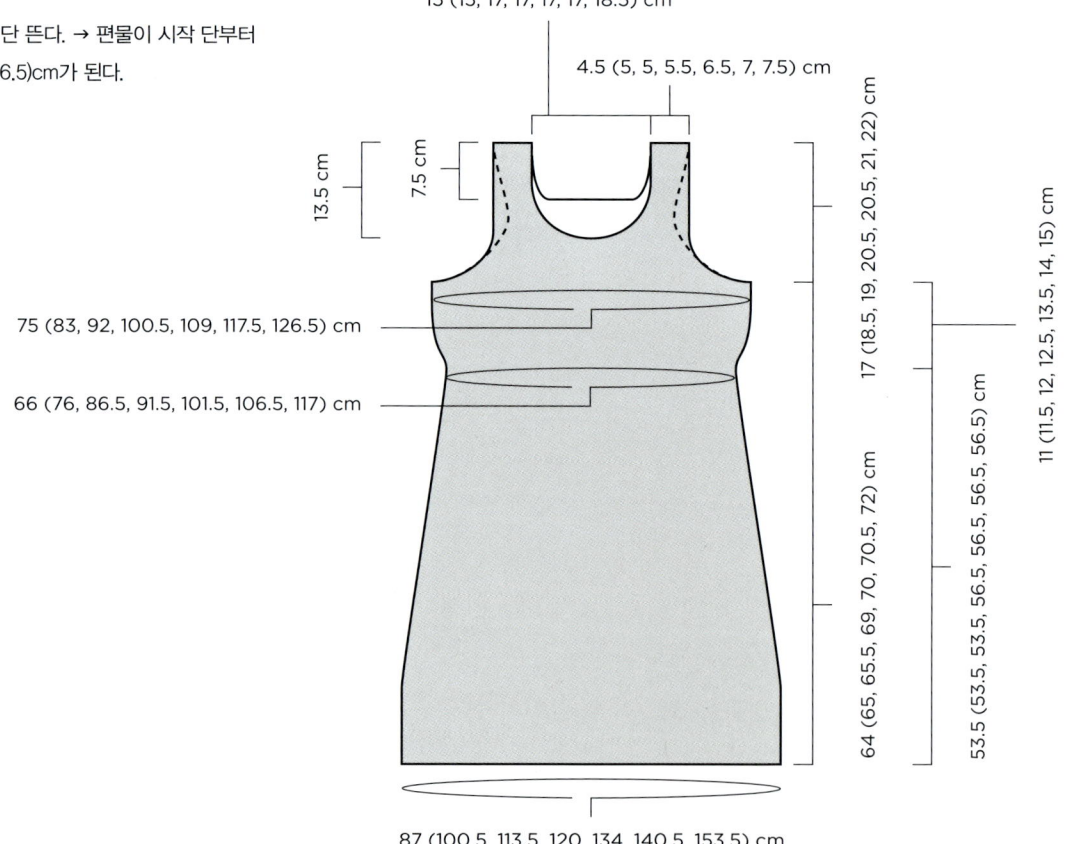

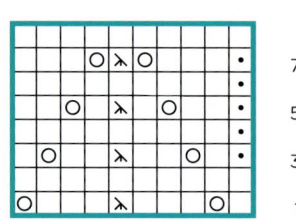

레이스 차트

☐ 겉뜨기
• 안뜨기
○ 바늘비우기
⋏ 오른코 중심3코 모아뜨기*
☐ 반복 단위

게이지 측정하기

게이지를 측정할 때는 지정된 사이즈의 아무 바늘로 하는 게 아니라 실제로 편물을 뜰 때 사용할 바늘을 가지고 하는 것이 좋다. 같은 사이즈라도 약간 차이가 있는 경우도 있어서 게이지에 예상하지 못한 차이가 생길 수도 있기 때문이다.

게이지 정보에 단면뜨기를 한 경우라고 명시되어 있으면 스와치도 단면뜨기로 만들고 원통뜨기를 한 경우라고 명시되어 있으면 스와치도 원통뜨기로 만들어야 게이지를 정확히 낼 수 있다. 또 24쪽의 '블리스탑'처럼 단면뜨기와 원통뜨기의 게이지가 모두 나와 있는 경우에는 두 가지 스와치를 다 만드는 것이 좋다.

단면뜨기용 게이지: 게이지에서 필요로 하는 콧수보다 최소한 10%는 많은 수로 코를 잡고, 단수도 10% 더 뜬다. 게이지를 측정할 때 가장자리 모양이 뒤틀리는 것을 감안해서 10% 여유분을 두는 것이다. 스와치의 중앙 부분이 실제 옷을 만들었을 때의 모양과 더 흡사하기 때문에 길이를 잴 때는 중심에 자를 놓고 측정한다.

원통뜨기용 게이지: 지정된 줄바늘 또는 양끝이 뾰족한 막대바늘을 가지고 게이지에 나온 콧수보다 최소한 10% 많은 수로 코를 잡되, 명시된 무늬뜨기에 필요한 콧수의 배수로 한다. 매단을 뜰 때 항상 겉면을 마주 보며 뜨고, 마지막 코는 항상 걸러뜨기한 다음, 실을 편물의 뒤쪽으로 느슨하게 돌려 겉면을 마주 보며 다음 단을 뜰 수 있는 위치로 가져온다. 이렇게 해서 매 단을 뜨면 편물의 안면에는 그림처럼 느슨하게 걸쳐진 가로줄이 생긴다. 몇 단을 뜬 다음에는 편물을 바늘의 가운데로 밀고 잘 펼쳐서 뒤에 걸린 실이 스와치가 당겨지지 않을 만큼 충분한지 확인한다.

예를 들어, 이 원피스의 게이지는 3.75mm 바늘로 레이스 무늬를 떴을 때 20코 24단으로 사방 10cm가 된다. 이 레이스 무늬는 10코 반복으로 만들어지므로 게이지 스와치는 30코를 만들어야 한다. 또 레이스 무늬에서는 패턴의 시작 부분이나 끝부분에 바늘비우기가 있는지도 확인해야 한다. 만약 있다면 바늘비우기 한 코가 어쩌다가 바늘에서 빠지는 경우를 막기 위해 한 코를 더 잡는다. 이 원피스의 경우에는 첫 단의 마지막에 바늘비우기가 있기 때문에 스와치에서는 31코를 잡는다. 또 지정된 단수보다 10% 많아야 하니 최소한 26단은 떠야 한다.

코막음까지 끝나면 블로킹을 하기 전에 일단 스와치를 편편한 바닥에 놓고 콧수와 단수를 측정한다. 블로킹한 뒤의 게이지와 비교하기 위해서다. 그런 다음 스와치를 차가운 물에 적셔서 편편하게 펼쳐 말린다. 젖은 수건을 이용한 블로킹*방법을 추천한다. 완성된 옷을 세탁할 경우 원하는 사이즈에 가장 근접한 게이지를 낼 수 있는 방법이기 때문이다. 스와치가 완전히 마르면 다시 콧수와 단수를 측정한다. 블로킹한 후의 게이지가 패턴에 지정된 게이지와 일치하는 것이 이상적이다. 따로 명시된 사항이 없는 경우, 일반적으로 단수보다는 콧수가 더 중요하므로, 콧수가 최대한 일치하도록 한다. 스와치의 콧수가 지정된 콧수보다 많이 나온 경우에는 더 굵은 바늘로 다시 게이지를 내보고, 콧수가 더 적은 경우에는 더 가는 바늘로 다시 시도한다.

일단 편물을 뜨기 시작한 뒤에 다시 게이지를 확인해보려면, 뜨기에 익숙해지고 어느 정도 길이를 떠 올라갔을 때 다시 게이지를 측정한다. 이때 블로킹하기 전에 측정한 게이지와 일치한다면 완성하고 블로킹한 후의 게이지와도 일치할 것이다.

겉면

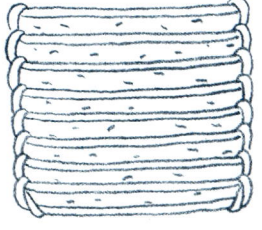

안면

몸통

4mm 줄바늘로 바꾸어 겉뜨기로 1단을 뜬다.
자신이 뜨는 사이즈에 맞추어 다음과 같이 뜬다.

사이즈 75(83, 92, 109, 117.5)cm

늘림단: ※13(25, 85, 50, 21)코 겉뜨기, 1코 만들기*한다.
※표한 부분을 반복한다. → 140(156, 172, 204, 220)코가 된다.

사이즈 100.5(126.5)cm

늘림단: ※(23(38)코 겉뜨기, 1코 만들기*)를 1(2)번 하고, 22(39)코 겉뜨기,
1코 만들기. ※표한 부분을 반복한다. → 188(236)코가 된다.

모든 사이즈

편물의 길이가 시작 단부터 64(65, 65.5, 69, 70, 70.5, 72)cm가 될 때까지 140(156, 172, 188, 204, 220, 236)코를 메리야스뜨기로 뜨되, 마지막 단은 콧수링 앞에 6(6, 6, 7, 7, 7)코가 남을 때까지만 뜬다.

앞판과 뒤판 나누기

12(12, 12, 12, 14, 14, 14)코를 코막음하고, 오른쪽 바늘에 58(66, 74, 82, 88, 96, 104)코가 남을 때까지 계속 뜬다(앞판). 12(12, 12, 12, 14, 14, 14)코를 코막음하고, 나머지 코를 모두 뜬다(뒤판). 앞판의 코들을 스티치홀더나 다른 실에 옮겨 쉼코로 둔다.

뒤판

58(66, 74, 82, 88, 96, 104)코를 다음과 같이 뜬다.
안면을 마주 보고 안뜨기로 1단을 뜬다.

진동 만들기

단의 시작 부분에서 3(3, 3, 3, 4, 4, 4)코를
코막음하면서 2단을 뜬다. →
52(60, 68, 76, 80, 88, 96)코가 남는다.

줄임단 1: (겉면) 1코 겉뜨기(→이하 겉1),
2코 모아 겉뜨기, 3코가 남을 때까지 겉뜨기,
오른코 모아뜨기*, 겉1. → 2코가 준다.

줄임단 2: (안면) 1코 안뜨기(→이하 안1),
안뜨기에서 오른코 줄이기*, 3코가 남을 때까지
안뜨기, 2코 모아 안뜨기, 안1. → 2코가 준다.

위의 두 단을 1(1, 1, 2, 3, 4, 5)번 더 반복한다. →
44(52, 60, 64, 64, 68, 72)코가 남는다.

[줄임단 1을 뜨고, 안뜨기로 1단 뜨기]를
4(7, 8, 9, 8, 9, 9)번 반복한다. →
36(38, 44, 46, 48, 50, 54)코가 남는다.

진동이 앞판과 뒤판을 나눈 지점부터 9.5(11,
11.5, 12.5, 12.5, 13.5, 14.5)cm가 될 때까지
메리야스뜨기를 계속하되, 겉면 단까지 뜨고 멈춘다.

목둘레선 만들기

설정단: (안면) 안7(8, 9, 10, 11, 12, 13), 콧수링
끼우기, 안22(22, 26, 26, 26, 26, 28), 콧수링
끼우기, 끝까지 안뜨기.

다음 단: (겉면) 겉1, 1코 만들기, 첫 번째 콧수링
앞까지 겉뜨기한 다음 콧수링을 빼고 새 볼의 실을
연결한다. 새 실로 가운데의 22(22, 26, 26, 26,
26, 28)코를 코막음한 다음 두 번째 콧수링도 뺀다.
1코 남을 때까지 겉뜨기한 다음, 1코 만들기, 1코
겉뜨기한다. → 양쪽에 8(9, 10, 11, 12, 13, 14)코씩
남는다.

양쪽 각각 안면을 마주 보고 안뜨기로 1단씩 뜬다.

다음 단: (겉면) 겉1, 1코 만들기, 목선 가장자리에
3코가 남을 때까지 겉뜨기, 오른코 모아뜨기,
겉1. 반대쪽: 겉1, 2코 모아 겉뜨기, 1코 남을 때까지
겉뜨기, 1코 만들기, 1코 겉뜨기한다. →
양쪽 진동에 각각 1코씩 늘고 목둘레선 양쪽으로
각각 1코씩 준다.

안면을 마주 보고 안뜨기로 1단 뜬다.

위의 2단을 2번 더 반복한다. → 여전히 양쪽에는
8(9, 10, 11, 12, 13, 14)코씩 남아 있다.

진동이 17(18.5, 19, 20.5, 20.5, 21, 22)cm가
될 때까지 메리야스뜨기를 계속하되 안면 단까지
뜨고 멈춘다.

남은 코들을 모두 스티치홀더나 다른 실에 옮겨둔다.
실을 자르고 쉼코로 둔다.

앞판

쉼코로 둔 58(66, 74, 82, 88, 96, 104)코를 4mm
줄바늘로 다시 옮기고 안면부터 뜰 수 있게 실을
연결한다. 안면을 마주 보며 안뜨기로 1단을 뜬다.

진동 만들기

단의 시작 부분에서 3(3, 3, 3, 4, 4, 4)코를
코막음하면서 2단을 뜬다. → 52(60, 68, 76, 80,
88, 96)코가 남는다.

주의: 진동을 만들고 있는 도중에 목둘레선 만들기가
시작되므로, 먼저 다음 설명을 끝까지 읽고서 계속
진행한다.

다음 단: 겉1, 2코 모아 겉뜨기, 3코 남을 때까지 겉뜨기, 오른코 모아뜨기, 겉1. → 2코가 준다.

안면을 마주 보고 안뜨기로 1단을 뜬다.

위의 2단을 3(6, 7, 10, 11, 14, 16)번 더 반복하면서, 동시에 진동 길이가 3.8(5, 5.5, 7, 7, 7.5, 9)cm가 될 때까지 뜨되 겉면 단까지 뜬다. 그리고 다음과 같은 방법으로 목둘레선을 만든다.

목둘레선 만들기

안면을 마주 보고 안뜨기로 1단을 뜨면서, 목선이 될 가운데 14(14, 18, 18, 18, 18, 20)코의 양 끝에 코수링을 끼운다.

다음 단: (겉면) 첫 번째 코수링 앞까지 겉뜨기하고, 새 볼의 실을 연결한 다음 새 실로 가운데 14(14, 18, 18, 18, 18, 20)코를 코막음하고 나머지 모두 겉뜨기한다.

양쪽 각각 안면을 마주 보고 안뜨기로 1단씩 뜬다.

줄임단: (겉면) 목선 가장자리에 3코가 남을 때까지 겉뜨기하고, 오른코 모아뜨기한 다음 1코 겉뜨기한다. 반대쪽은 1코 겉뜨기, 2코 모아 겉뜨기한 다음 끝까지 겉뜨기한다. → 목선 양쪽에 각 1코씩 준다.

위의 2단을 4번 반복한다.

[메리야스뜨기 3단, 줄임단]을 2번 반복한다. → 모양 만들기가 다 끝나면 양쪽에 각각 8(9, 10, 11, 12, 13, 14)코가 남는다.

진동이 17(18.5, 19, 20.5, 20.5, 21, 22)cm가 될 때까지 메리야스뜨기를 계속하되 안면 단까지 뜨고 끝낸다.

마무리

어깨선 연결

쉼코로 두었던 뒤판 오른쪽 어깨선의 8(9, 10, 11, 12, 13, 14)코를 빈 바늘에 옮긴다. 서로 만나는 앞판 오른쪽 어깨선의 8(9, 10, 11, 12, 13, 14)코를 서로 겉면이 마주 닿도록 두 바늘을 평행으로 잡고 또 다른 바늘을 가지고 바늘 3개를 이용한 코막음* 방법으로 함께 코막음한다. 왼쪽 어깨선도 같은 방법으로 연결한다.

치수에 맞게 블로킹*한다.

목둘레선 정리

40cm 길이의 3.75mm 줄바늘로 겉면을 마주 본 상태에서 어깨솔기에서 시작하여 목둘레선을 따라 코가 골고루 나뉘도록(대략 4단에 3코씩, 코막음한 1코 당 1코씩) 140(140, 148, 148, 148, 152)코를 주워 겉뜨기한다. 안뜨기 1단, 겉뜨기 1단을 뜨고, 모든 코를 안뜨기하듯이 코막음한다.

진동 정리

40cm 길이의 3.75mm 줄바늘로 겉면을 마주 본 상태에서 진동이 시작되는 중심에서 시작하여 진동선을 따라 코가 골고루 나뉘도록 88(93, 96, 100, 100, 103, 108)코를 주워 겉뜨기한다. 안뜨기 1단, 겉뜨기 1단을 뜨고, 모든 코를 안뜨기하듯이 코막음한다.

남은 실꼬리를 편물에 엮어 감춘다.

Bliss Top
블리스 탑

시선을 한눈에 사로잡는 이 옷은 두 방향으로 짜인 레이스 패널과
넓은 고무뜨기 단과 가터뜨기로 만든다. 요크 부분을 먼저 뜨는데
한쪽 소매 끝에서 코를 잡아 뜨다가 몸통을 뜨고 반대편
소매 끝까지 뜬 다음 코막음을 하는 방식이다. 소매를 뜨는 도중에
겨드랑이 아랫부분에서 사선 되돌아뜨기로 소매 모양을 잡는다.
그런 다음 몸통의 아랫단을 따라 몸판을 뜰 코를 주워
아랫단까지 한번에 떠 내려간다.

완성 사이즈
가슴둘레 77.5(85.5, 94, 101.5, 110, 118, 126.5)cm
견본 사이즈는 85.5cm

실
굵기: 합태사 (Sportweight)
견본에 사용한 실: Elsebeth Lavold 사의
Hempathy(면 41%, 마 34%, 모달 25%, 140m/50g)
색상기호 #024 lilac, 6(7, 7, 8, 8, 9, 9)볼

바늘
몸통: 3.5mm 80cm 줄바늘
몸판과 소매: 2.75mm 60cm 줄바늘 또는
양끝이 뾰족한 막대바늘 4개
게이지가 정확히 맞지 않으면 바늘 굵기를 바꿔서
조정한다.

기타 준비물
콧수링, 핀형 단수링 또는 안전핀, 돗바늘

게이지
2.75mm 바늘을 가지고 원통뜨기로
3코 고무뜨기를 했을 때 30코 38단=사방 10cm
3.5mm 바늘을 가지고 단면뜨기로
가터뜨기를 했을 때 24코 32단=사방 10cm
3.5mm 바늘을 가지고 11코의 레이스 패널을 뜨면
너비가 5cm
2.75mm 바늘을 가지고 11코의 레이스 패널을 뜨면
너비가 3.8cm

오른쪽 소매

2.75mm 막대바늘을 가지고 기본 코 만들기* 방법으로 90(96, 108, 120, 126, 132, 144)코를 만든다. 콧수링을 끼운 다음, 코들이 꼬이지 않도록 조심하면서 원통뜨기를 하도록 양 끝을 연결한다.

설정단: ※3코 겉뜨기, 3코 안뜨기, ※표한 부분 반복

위에서 설정한 대로 편물 길이가 7.5cm가 될 때까지 고무뜨기를 반복하되, 마지막 단은 콧수링 앞에 8(9, 13, 17, 20, 21, 25)코가 남을 때까지만 뜬다.

단면뜨기와 원통뜨기의 차트 읽기

이 옷의 레이스 패널은 몸판 상단 부분에서는 겉면과 안면을 번갈아가며 단면으로 뜨고, 몸판 하단에서는 원통뜨기로 뜬다.

단면뜨기: 단면뜨기의 차트를 읽을 때는, 겉면 단(대체로 홀수 단)은 오른쪽에서 왼쪽으로 가면서 읽고, 안면 단(대체로 짝수 단)은 왼쪽에서 오른쪽으로 가며 읽는다.

1단: (겉면) 차트의 오른쪽에서 왼쪽으로 이동하며, 1코 안뜨기, 2코 모아 겉뜨기, (1코 겉뜨기, 바늘비우기) 2번, 3코 겉뜨기, 오른코 모아뜨기, 1코 안뜨기.

2단: (안면) 왼쪽에서 오른쪽으로 이동하며, 1코 겉뜨기, 9코 안뜨기, 1코 겉뜨기.

원통뜨기: 원통뜨기의 차트를 읽을 때는 차트에 나온 모든 단을 겉면 단으로 보면 된다. 즉 모든 단을 오른쪽에서 왼쪽으로 가며 읽는다.

1단: (겉면) (단면뜨기 때와 동일) 오른쪽에서 왼쪽으로 이동하며, 1코 안뜨기, 2코 모아 겉뜨기, (1코 겉뜨기, 바늘비우기) 2번, 3코 겉뜨기, 오른코 모아뜨기, 1코 안뜨기.

2단: (겉면) 오른쪽에서 왼쪽으로 이동하며, 1코 안뜨기, 9코 겉뜨기, 1코 안뜨기.

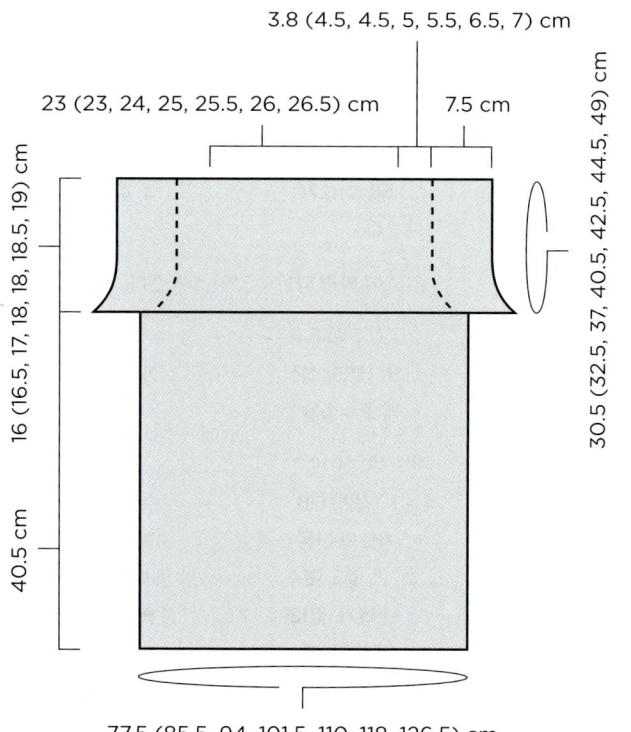

레이스 패널 차트

□	겉면에서 겉뜨기, 안면에서 안뜨기
•	겉면에서 안뜨기, 안면에서 겉뜨기
O	바늘비우기*
/	2코 모아 겉뜨기
\	오른코 모아뜨기*
□	반복 단위

몸판 상단

주의: 소매 모양을 만들기 위해 사선 되돌아뜨기*를 할 때는 에워싼 실을 감추지 않는다.

오른쪽 진동 만들기

설정단: 3.5mm 줄바늘을 가지고 19(21, 29, 37, 43, 45, 53)코를 코막음하면서 도중에 콧수링은 뺀다. 오른쪽 바늘 끝에 1코가 남아 있다. 다음 코를 에워싸고 편물을 돌려 안면을 마주 보고 1코 겉뜨기하고 편물을 돌린다. → 71(75, 79, 83, 83, 87, 91)코가 남는다.

사선 되돌아뜨기 1: 겉면을 마주 보고 에워싼 코까지 계속 겉뜨기하고, 다음 코를 에워싼 다음, 편물을 돌려 안면을 마주 보고 끝까지 겉뜨기한다.

사선 되돌아뜨기 1을 1(2, 3, 3, 3, 4, 4)번 더 반복한다.

다음과 같은 방법으로 레이스 무늬 부분을 설정한다.

사이즈 77.5(85.5, 94)cm

다음 단: (겉면) 4(5, 6)코 겉뜨기(이하 겉), 콧수링 끼우기, 11코에 걸쳐 레이스 패널 차트의 1단 뜨기, 콧수링 끼우기, 겉5, 콧수링 끼우기, 차트의 1단 뜨기, 콧수링 끼우기, 겉9(11, 13), 콧수링 끼우기, 차트의 1단 뜨기, 콧수링 끼우기, 겉5, 콧수링 끼우기, 차트의 1단 뜨기, 콧수링 끼우기, 겉4(5, 6).

사이즈 101.5(110, 118)cm

줄임단: (겉면) 6(6, 7)코 겉뜨기, 콧수링 끼우기, 11코에 걸쳐 레이스 패널 차트의 1단 뜨기, 콧수링 끼우기, 겉3, 2코 모아 겉뜨기, 겉2, 콧수링 끼우기, 차트의 1단 뜨기, 콧수링 끼우기, 겉13(13, 15), 콧수링 끼우기, 차트의 1단 뜨기, 콧수링 끼우기, 겉2, 2코 모아 겉뜨기, 겉3, 콧수링 끼우기, 차트의 1단 뜨기, 콧수링 끼우기, 겉6(6, 7). → 81(81, 85)코가 남는다.

사이즈 126.5cm

줄임단: (겉면) 7코 겉뜨기, 콧수링 끼우기, 11코에 걸쳐 레이스 패널 차트의 1단 뜨기, 콧수링 끼우기, 겉3, 2코 모아 겉뜨기, 겉3, 콧수링 끼우기, 차트의 1단 뜨기, 콧수링 끼우기, 겉3, 2코 모아 겉뜨기, 겉7, 2코 모아 겉뜨기, 겉3, 콧수링 끼우기, 차트의 1단 뜨기, 콧수링 끼우기, 겉3, 2코 모아 겉뜨기, 겉3, 콧수링 끼우기, 차트의 1단 뜨기, 콧수링 끼우기, 겉7 → 87코가 남는다.

모든 사이즈

설정된 패턴대로 무늬뜨기를 계속한다. 이때 레이스 패널의 양옆은 가터뜨기(모든 단 겉뜨기)로 한다.

사선 되돌아뜨기 2: 안면을 마주 보고 겉1, 다음 코 에워싸기, 편물을 돌려 겉면을 마주 보고 겉1.

사선 되돌아뜨기 3: 안면을 마주 보고 에워싼 코까지 겉뜨기하고, 다음 코를 에워싼 다음 편물을 돌려 겉면을 마주 보고 끝까지 겉뜨기한다.

사선 되돌아뜨기 3을 1(2, 3, 3, 3, 4, 4)번 반복한다.

편물의 길이가 시작 단부터 11.5(12, 12, 12.5, 13.5, 14, 14.5)cm가 될 때까지 설정된 패턴대로 계속 뜨되, 안면 단까지 뜨고 멈춘다. 길이는 사선 되돌아뜨기를 하지 않은 편물의 중심부분을 따라 잰다.

목둘레선 나누기

겉면을 마주 보고 설정된 패턴을 유지하며 35(37, 39, 40, 40, 42, 43)코를 뜬 다음, 새 볼의 실을 연결하여 1코를 코막음하고, 끝까지 뜬다. → 양쪽에 35(37, 39, 40, 40, 42, 43)코씩 남는다.

목둘레선을 나눈 부분부터 23(23, 24, 25, 25.5, 26, 26.5)cm가 될 때까지 양쪽을 각각 따로 뜨되, 안면까지 뜨고 멈춘다.

연결단: (겉면) 목둘레선 가장자리까지 뜬 다음 뒤로 감아 코 만들기* 방법으로 1코를 만들고, 같은 실로 끝까지 뜬다. → 71(75, 79, 81, 81, 85, 87)코가 된다.

다른 볼의 실은 잘라내고, 편물의 길이가 연결단부터 3.8(4.5, 4.5, 5, 5.5, 6.5, 7)cm가 될 때까지 계속 뜨되, 안면까지 뜨고 멈춘다.

왼쪽 진동 만들기

사선 되돌아뜨기 1: 겉면을 마주 보고 3(4, 5, 5, 5, 6, 6)코 겉뜨기하고, 다음 코를 에워싸고, 편물을 돌려 안면을 마주 보고 끝까지 겉뜨기한다.

사선 되돌아뜨기 2: 겉면을 마주 보고 에워싼 코 앞에 1코가 남을 때까지 겉뜨기한다. 다음 코를 에워싸고 편물을 돌려 안면을 마주 보고 끝까지 겉뜨기한다.

사선 되돌아뜨기 2를 1(2, 3, 3, 3, 4, 4)번 더 반복한다.

사이즈에 따라 다음과 같이 계속 뜬다.

사이즈 77.5(85.5, 94)cm

다음 단: (겉면) 설정된 패턴대로 끝까지 뜨면서 도중에 콧수링을 뺀다.

사이즈 101.5(110, 118)cm

늘림단: (겉면) 6(6, 7)코 겉뜨기, 콧수링 빼기, 레이스 패널 차트의 다음 단 뜨기, 콧수링 빼기, 겉3, 1코 만들기*, 겉3, 콧수링 빼기, 차트의 다음 단 뜨기, 콧수링 빼기, 겉13(13, 15), 콧수링 빼기, 차트의 다음 단 뜨기, 콧수링 빼기, 겉3, 1코 만들기, 겉3, 콧수링 빼기, 차트의 다음 단 뜨기, 콧수링 빼기, 겉6(6, 7). → 83(83, 87)코가 된다.

사이즈 126.5cm

늘림단: (겉면) 7코 겉뜨기, 콧수링 빼기, 레이스 패널 차트의 다음 단 뜨기, 콧수링 빼기, 겉3, 1코 만들기*, 겉4, 콧수링 빼기, 차트의 다음 단 뜨기, 콧수링 빼기, 겉4, 1코 만들기, 겉7, 1코 만들기, 겉4, 콧수링 빼기, 차트의 다음 단 뜨기, 콧수링 빼기, 겉4, 1코 만들기, 겉3, 콧수링 빼기, 차트의 다음 단 뜨기, 콧수링 빼기, 겉7. → 91코가 된다.

왼쪽 소매

2.75mm 막대바늘을 가지고 꽈배기식 코 만들기* 방법으로 19(21, 29, 37, 43, 45, 53)코를 만든다. →
90(96, 108, 120, 126, 132, 144)코가 된다.

코들이 꼬이지 않도록 조심하면서 원통뜨기를 할 수 있도록 양 끝을 연결한다(아직 콧수링은 끼우지 않는다).

다음 단: 2(1, 1, 0, 2, 3, 1)코 안뜨기, 3(3, 3, 2, 3, 3)코 겉뜨기, 안3, (겉3, 안3)을 0(0, 1, 1, 2, 2, 3)번 반복, 콧수링 끼워 단 시작 위치 표시하기.

다음 단: ※3코 겉뜨기, 3코 안뜨기, ※표한 부분 반복

위에서 설정한 대로 편물이 7.5cm가 될 때까지 고무뜨기를 반복한 다음, 겉뜨기는 겉뜨기하듯이, 안뜨기는 안뜨기하듯이 코막음한다.

몸판 하단

꽂았다 뺄 수 있는 핀 모양의 단수링으로 앞쪽과 뒤쪽 몸판 상단의 중심을 표시한다.

2.75mm 줄바늘을 가지고 진동의 코막음한 부분 바로 앞에서부터 ※겨드랑이 선을 따라 19(21, 29, 37, 43, 45, 53)코를 주운 다음, 몸판 상단 가장자리선을 따라 단수링을 표시한 부분까지 코가 고루 나뉘도록 하면서 47(52, 54, 56, 59, 64, 66)코를 줍는다. 콧수링을 빼고, 다음 겨드랑이 시작되기 전까지 코가 고루 나뉘도록 하면서 48(53, 55, 57, 60, 65, 67)코를 줍는다. ※표한 부분을 1번 반복한 다음, 0(0, 0, 2, 0, 0, 0)코 겉뜨기, 2(3, 1, 3, 2, 3, 1)코 안뜨기, (겉3, 안3)을 1(1, 2, 3, 3, 3, 4)번 반복하고, 콧수링을 끼워 단 시작 위치를 표시한다. → 총 228(252, 276, 300, 324, 348, 372)코.

설정단: [겉3, 안2] 8(9, 10, 11, 12, 13, 14)번 반복, 겉3, 안2, 레이스 패널 차트의 1단 뜨기, 안2, [겉3, 안3] 16(18, 20, 22, 24, 26, 28)번 반복, 겉3, 안2, 차트의 1단 뜨기, 안2, [겉3, 안3] 8(9, 10, 11, 12, 13, 14)번 반복.

위에서 설정한 패턴대로 편물의 길이가 시작 단부터 38cm가 될 때까지 뜨되, 마지막에는 차트의 짝수단까지 뜬 다음 멈춘다.

다음 단: ※겉3, 안3. ※표한 부분 반복.

3코 고무단을 2.5cm만큼 계속 뜬다. 모든 코를 겉뜨기는 겉뜨기하듯이, 안뜨기는 안뜨기하듯이 느슨하게 코막음한다.

마무리

남은 실꼬리를 편물에 엮어 감추고, 치수에 맞추어 블로킹*한다.

Lace-Panel Tunic
레이스 패널 튜닉

레이스 패널로 장식한 이 튜닉은 받쳐 입기에 따라서 캐주얼한 차림에도 드레시한 차림에도 잘 어울린다. 아랫단부터 코를 잡아 목둘레선이 시작되는 부분까지 원통뜨기로 뜬다. 그러고서 목둘레선 시작 부분부터 진동 시작 부분까지는 단면으로 뜨다가, 다시 앞판과 뒤판으로 나누어 각각 어깨선까지 떠 올라간다. 진동선 끝부분에서 몇 코를 연결하여 어깨선을 만든 다음, 나뭇잎 무늬 패널은 계속 떠 올라가 목뒤에서 연결한다.

완성 사이즈
가슴둘레 81.5(90.5, 100, 109, 118, 127, 136)cm
견본 사이즈는 90.5cm

실
굵기: 병태사(Worsted, DK)
견본에 사용한 실: Classic Elite Yarns 사의 Premiere(피마 면50%, 텐셀 50%, 99m/50g) 색상기호 #5222 dusty miller, 6(7, 8, 8, 9, 10, 11)볼

바늘
3.5mm 80cm 줄바늘, 막대바늘,
양끝이 뾰족한 막대바늘
게이지가 정확히 맞지 않으면
바늘 굵기를 바꿔서 조정한다.

기타 준비물
콧수링, 스티치홀더 또는 다른 실, 돗바늘

게이지
안메리야스뜨기를 원통뜨기로 떴을 때
22코 27단=사방 10cm
레이스 패널 16코=너비 5cm

몸판

줄바늘을 가지고 기본 코 만들기 방법으로 196(216, 236, 256, 276, 296, 316)코를 만든다. 코가 꼬이지 않도록 조심하면서 안메리야스뜨기로 원통뜨기를 할 수 있도록 양끝을 연결한다*. 그러면 연결부위가 겉면으로 나온다.
콧수링을 끼워 단의 시작 부분을 표시한다.

[겉뜨기로 1단 뜨기, 안뜨기로 1단 뜨기] 2번

설정단: 24(29, 34, 39, 44, 49, 54)코 안뜨기, 콧수링 끼우기, 16코에 걸쳐 왼쪽 레이스 패널 차트의 1단 뜨기, 콧수링 끼우기, 안20, 콧수링 끼우기, 16코에 걸쳐 오른쪽 레이스 패널 차트의 1단 뜨기, 콧수링 끼우기, 안50(59, 68, 77, 86, 95, 104), 콧수링 끼우기(뒤판 첫째 다트 위치), 안44(46, 48, 50, 52, 54, 56), 콧수링 끼우기(둘째 다트 위치), 안26(30, 34, 38, 42, 46, 50).

편물의 길이가 시작 단부터 5cm가 될 때까지 설정된 패턴대로 계속 뜨되, 차트의 홀수단까지 뜨고 멈춘다.

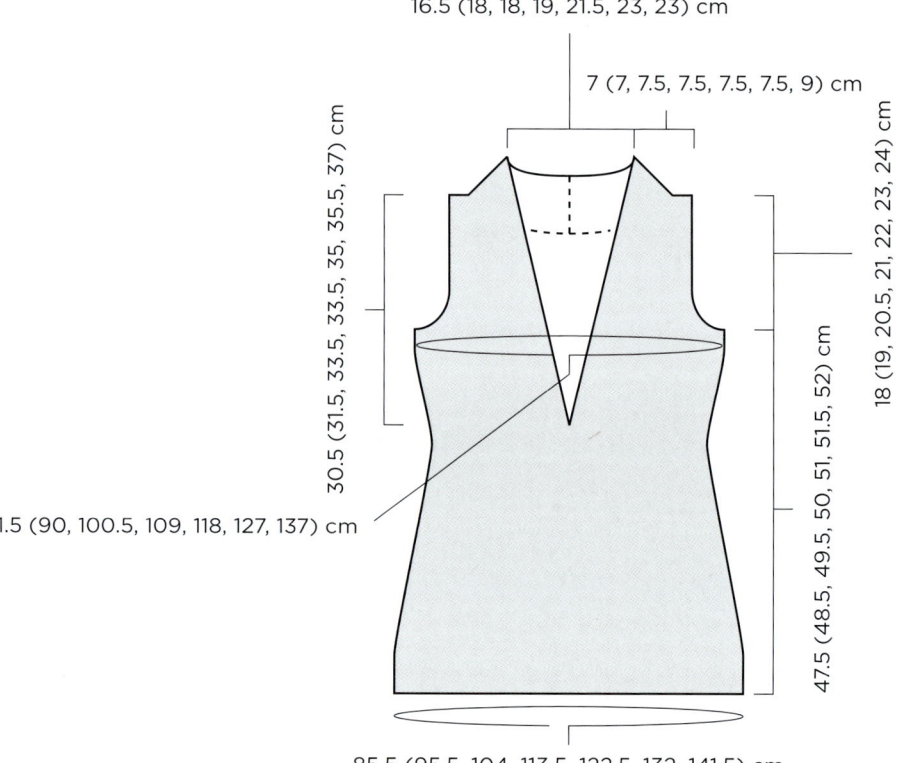

왼쪽 레이스 차트

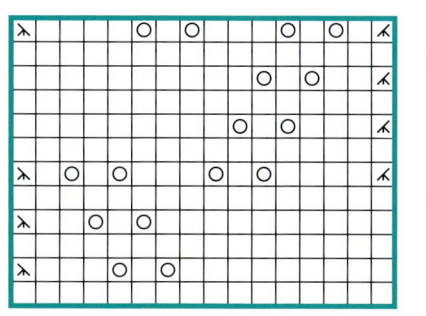

오른쪽 레이스 차트

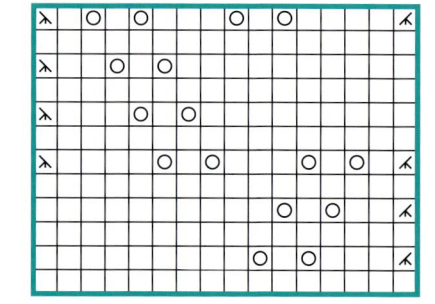

- ☐ 겉면에서 겉뜨기, 안면에서 안뜨기
- ○ 바늘비우기*
- ⋏ 3코 모아 겉뜨기*
- ⋏ 3코를 각각 겉뜨기하듯이 걸러뜨기하고, 왼쪽 바늘 끝을 이 3코의 앞쪽 고리로 밀어 넣은 다음 뒤쪽 고리를 통해 겉뜨기한다.
- ☐ 반복 단위

허리선 만들기

줄임단: 첫째 콧수링 앞까지 안뜨기, 콧수링 옮기기, 차트에 따라 16코 뜨기, 콧수링 옮기기, 2코 모아 안뜨기, 다음 콧수링 앞에 2코 남을 때까지 안뜨기, 안뜨기에서 오른코 줄이기*, 콧수링 옮기기, 차트 따라 16코 뜨기, 콧수링 옮기기, 다트 콧수링 앞까지 안뜨기, 콧수링 옮기기, 2코 모아 안뜨기, 다음 다트 콧수링 앞에 2코 남을 때까지 안뜨기, 안뜨기에서 오른코 줄이기, 콧수링 옮기기, 끝까지 안뜨기. → 4코가 준다.

설정된 패턴대로 9(9, 9, 11, 11, 11, 11)단을 더 뜬다.

위의 10(10, 10, 12, 12, 12, 12)단을 5(6, 7, 0, 1, 2, 3)번 더 뜬다. → 172(188, 204, 252, 268, 284, 300)코가 남는다.

사이즈에 따라 다음과 같이 계속 뜬다.

사이즈 81.5(90.5, 109, 118, 127, 136)cm

줄임단을 1번 더 뜬 다음 설정된 대로 7(7, 9, 9, 9, 9)단을 더 뜬다.

위의 8(8, 10, 10, 10, 10)단을 1(0, 6, 5, 4, 3)번 더 뜬다. → 164(184, 224, 244, 264, 284)코가 남는다.

모든 사이즈

줄임단을 1번 더 뜬다. → 160(180, 200, 220, 240, 260, 280)코가 남는다.

다음 단: 설정된 패턴을 유지하면서 앞판의 82(92, 102, 112, 122, 132, 142)코를 뜨고, 옆선 위치에 콧수링을 끼우고, 뒤판의 78(88, 98, 108, 118, 128, 138)코를 뜬다.

실을 자른다.

목둘레선 나누기

앞판 왼쪽의 41(46, 51, 56, 61, 66, 67)코를 오른쪽 바늘로 옮긴다. 그러면 중심의 안뜨기 2코가 양쪽 바늘 끝에 하나씩 걸려 있게 된다. 오른쪽 앞판부터 겉면을 마주 보고 뜰 수 있도록 실을 다시 잇는다. → 양쪽 앞판에 각 41(46, 51, 56, 61, 66, 67)코씩, 뒤판에 78(88, 98, 108, 118, 128, 138)코가 있다. 앞판 중심에서 단이 시작된다.

단면뜨기로 다음과 같이 계속 뜬다.

뒤판 허리선과 앞판 목둘레선 만들기

줄임/늘림단: (겉면) 1코 안뜨기, 콧수링 빼기, 차트대로 16코 뜨기, 콧수링 옮기기, 2코 모아 안뜨기, 뒤판 첫째 다트선 표시한 콧수링 앞까지 안메리야스뜨기(겉면에서 안뜨기, 안면에서 겉뜨기), 콧수링 옮기기, 안뜨기에서 1코 만들기*, 다음 다트선 콧수링 앞까지 안메리야스뜨기, 안뜨기에서 1코 만들기, 콧수링 옮기기, 다음 콧수링 앞 2코 남을 때까지 안메리야스뜨기, 안뜨기에서 오른코 줄이기, 콧수링 옮기기, 차트대로 16코 뜨기, 콧수링 빼기, 1코 안뜨기. → 앞판 양쪽에 각 1코씩 줄고, 뒤판에 2코가 준다.

설정된 패턴대로 5단을 뜬다.

위의 6단을 4번 더 반복하고, 마지막 단에서 뒤판의 다트선 표시한 콧수링들을 뺀다. → 양쪽 앞판에 각 36(41, 46, 51, 56, 61, 66)코씩, 뒤판에 88(98, 108, 118, 128, 138, 148)코.

목둘레선 줄임단

목둘레선 줄임단: (겉면) 1코 안뜨기, 차트대로 16코 뜨기, 콧수링 옮기기, 2코 모아 안뜨기, 레이스 무늬 표시한 콧수링 앞에 2코 남을 때까지 안메리야스뜨기, 안뜨기에서 오른코 줄이기, 콧수링 옮기기, 차트대로 16코 뜨기, 1코 안뜨기. → 앞판 양쪽에 각각 35(40, 45, 50, 55, 60, 65)코씩 남는다.

설정된 패턴대로 3단을 뜬다. 안면 단까지 뜨게 된다.

진동 만들기

(겉면) 1코 안뜨기, 차트대로 16코 뜨기, 콧수링 옮기기, ※옆선 표시한 콧수링 앞에 5(6, 6, 7, 7, 8, 8)코가 남을 때까지 안메리야스뜨기, 10(12, 12, 14, 14, 16, 16)코 코막음하면서 도중에 콧수링 빼기. ※표한 부분 1번 더 반복, 다음 레이스 콧수링 앞까지 안메리야스뜨기, 콧수링 옮기기, 차트대로 16코 뜨기, 1코 안뜨기. → 양쪽 앞판에 30(34, 39, 43, 48, 52, 57)코씩, 뒤판에 78(86, 96, 104, 114, 122, 132)코가 남는다.

실이 왼쪽 앞판에 연결되어 있는 상태로 두고, 양쪽 앞판의 코들을 스티치홀더나 다른 실에 옮겨 쉼코로 둔다. 이때 레이스 패널 차트에서 몇 째 단까지 떴는지 잘 표시해둔다.

뒤판

뒤판의 78(86, 96, 104, 114, 122, 132)코를 안면을 마주 보며 뜰 수 있도록 새 볼의 실을 연결한다.

진동 만들기

안면을 마주 보고 1단을 뜬다.

줄임단: (겉면) 1코 안뜨기, 2코 모아 안뜨기, 3코 남을 때까지 안뜨기, 안뜨기에서 오른코 줄이기, 1코 안뜨기. → 2코가 준다.

위의 2단을 1(4, 8, 10, 14, 16, 20)번 더 반복한다. → 74(76, 78, 82, 84, 88, 90)코가 남는다.

[3단을 그냥 뜨고 줄임단 1번 뜨기]를 4(4, 3, 3, 2, 2, 1)번 반복. → 66(68, 72, 76, 80, 84, 88)코가 남는다.

진동이 10(11.5, 12.5, 13.5, 14.5, 15, 16.5)cm가 될 때까지 안메리야스뜨기를 계속하되, 안면 단까지 뜨고 멈춘다.

목둘레선 만들기

겉면을 마주 보고 23(23, 25, 25, 27, 27, 29)코 안뜨기한 다음, 새 볼의 실을 연결하여 가운데 20(22, 22, 26, 26, 30, 30)코를 코막음하고 끝까지 안뜨기한다. → 양쪽에 각 23(23, 25, 25, 27, 27, 29)코씩 남는다.

양쪽을 각각 따로 다음과 같이 뜬다.

다음 단: (안면) 코막음한 부분 앞까지 겉뜨기하고, 반대쪽에서는 8(8, 8, 8, 10, 10, 10)코 코막음한 다음 끝까지 겉뜨기한다.

다음 단: 코막음한 부분 앞까지 안뜨기하고, 반대쪽에서 8(8, 8, 8, 10, 10, 10)코 코막음하고 끝까지 안뜨기한다. → 양쪽에 15(15, 17, 17, 17, 17, 19)코씩 남는다.

다음 단: 코막음한 부분 앞까지 겉뜨기하고, 반대쪽에서 6코 코막음하고 끝까지 겉뜨기한다.

다음 단: 코막음한 부분 앞까지 안뜨기하고, 반대쪽에서 6코 코막음하고 끝까지 안뜨기한다. → 양쪽에 9(9, 11, 11, 11, 11, 13)코씩 남는다.

안면을 마주 보고 1단 겉뜨기.

줄임단: (겉면) 목둘레선 가장자리에 2코가 남을 때까지 안뜨기, 안뜨기에서 오른코 줄이기. 반대쪽에서는 2코 모아 안뜨기하고, 끝까지 안뜨기한다. → 양쪽에 1코씩 준다.

위의 2단을 6번 더 반복한다. → 양쪽에 2(2, 4, 4, 4, 4, 6)코씩 남는다.

남은 코들을 스티치홀더나 다른 실에 옮겨 쉼코로 둔다. 실을 자르되, 오른쪽 어깨 쪽에는 30cm 정도 남겨둔다.

왼쪽 앞판

쉼코로 두었던 왼쪽 앞판의 30(34, 39, 43, 48, 52, 57)코를 안면부터 뜰 수 있도록 막대바늘로 옮긴다. 안면을 마주 보고 설정된 패턴대로 1단을 뜬다.

주의: 진동선을 만드는 도중에 목둘레선 만들기도 시작되므로, 다음 부분을 먼저 다 읽은 다음 진행한다.

진동 만들기

줄임단: (겉면) 1코 안뜨기, 2코 모아 안뜨기, 끝까지 뜨기. → 진동 부분에 1코가 준다.

안면을 마주 보고 설정된 패턴대로 1단을 뜬다.

위의 2단을 1(4, 8, 10, 14, 16, 20)번 더 반복한다.

[3단 그냥 뜨기, 줄임단 뜨기]를 4(4, 3, 3, 2, 2, 1)번 반복하되, 여기서 첫 번째 진동 줄임단을 뜰 때 동시에 목선도 다음과 같이 만든다.

목둘레선 만들기

줄임단: (겉면) 위 설명대로 진동선을 줄이면서, 레이스 표시 콧수링 앞에 2코가 남을 때까지 뜨다가, 안뜨기에서 오른코 줄이기를 하고, 콧수링을 옮기고, 차트대로 16코를 뜨고, 1코 안뜨기한다. → 목둘레선에서 1코가 준다.

[5단 그냥 뜨기, 목둘레선 줄임단 뜨기, 3단 그냥 뜨기, 목둘레선 줄임단 뜨기]를 1(2, 2, 3, 4, 5, 5)번 반복한다. → 목둘레선과 진동 만들기가 다 끝나면 21(20, 22, 22, 22, 22, 24)코가 남는다.

사이즈에 따라 다음과 같이 계속 뜬다.

사이즈 81.5cm

3단 그냥 뜨기. 안면까지 뜨게 된다.

목둘레선 줄임단을 1번 더 뜬다. → 20코가 남는다.

모든 사이즈

진동이 18(19, 20.5, 21, 22, 23, 24)cm가 될 때까지 계속 뜨되, 안면까지 뜬 다음 멈춘다. 실을 30cm 남기고 자른다.

왼쪽 목둘레선 연장

뒷목둘레선의 한가운데를 콧수링으로 표시한다.

겉면을 마주 보고 앞판의 첫 2(2, 4, 4, 4, 4, 6)코를 양끝이 뾰족한 막대바늘 하나에 옮기고, 이 코들에 대응하는 왼쪽 뒤판의 2(2, 4, 4, 4, 4, 6)코를 또 다른 막대바늘에 옮긴 다음 남겨둔 실을 가지고 바늘 3개를 이용한 코막음* 방법으로 양쪽 코들을 함께 코막음한다. → 앞판에 18코가 남는다.

1단: (겉면) 빈 바늘 하나를 가지고 뒤 목선 가장자리에서 코를 하나 줍고 이 코를 왼쪽 바늘 끝에 옮긴 다음 2코 모아 안뜨기하고, 차트대로 16코를 뜨고 1코 안뜨기한다.

2단: 마지막 1코 남을 때까지 패턴대로 뜬 다음, 마지막 코는 실을 편물 앞으로 둔 채 안뜨기하듯이 걸러뜨기한다.

위의 1~2단을 목둘레선 가운데 콧수링을 표시한 위치까지 반복하되, 겉면까지 뜨고 멈춘다.

모든 코를 스티치홀더에 옮기고 실을 자른다.

오른쪽 앞판

쉼코로 두었던 오른쪽 앞판의 30(34, 39, 43, 48, 52, 57)코를 막대바늘로 옮기고 안면부터 뜰 수 있도록 실을 연결한다. 안면을 마주 보고 설정된 패턴대로 1단을 뜬다.

주의: 진동선을 만드는 도중에 목둘레선 만들기가 시작되므로, 먼저 다음 부분을 다 읽은 다음 진행한다.

진동 만들기

줄임단: (겉면) 마지막 3코 남을 때까지 뜬 다음, 안뜨기에서 오른코 줄이기, 1코 안뜨기한다. → 진동 부분에 1코가 준다.

안면을 마주 보고 설정된 패턴대로 1단을 뜬다.

위의 2단을 1(4, 8, 10, 14, 16, 20)번 더 반복한다.

[3단 그냥 뜨기, 줄임단 뜨기]를 4(4, 3, 3, 2, 2, 1)번 반복하되, 여기서 첫 번째 진동 줄임단을 뜰 때 동시에 목둘레선도 다음과 같이 만든다.

목둘레선 만들기

줄임단: (겉면) 1코 안뜨기, 차트대로 16코 뜨기, 콧수링 옮기기, 2코 모아 안뜨기, 끝까지 안뜨기하면서 위 줄임단의 설명대로 진동도 줄인다. → 목둘레선에서 1코가 준다.

[5단 그냥 뜨기, 목둘레선 줄임단 뜨기, 3단 그냥 뜨기, 목둘레선 줄임단 뜨기]를 1(2, 2, 3, 4, 5, 5)번 반복한다. → 목둘레선과 진동 만들기가 다 끝나면 21(20, 22, 22, 22, 22, 24)코가 남는다.

사이즈에 따라 다음과 같이 계속 뜬다.

사이즈 81.5cm

3단 그냥 뜨기. 안면 쪽까지 뜨게 된다.

목둘레선 줄임단을 1번 더 뜬다. → 20코가 남는다.

모든 사이즈

진동이 18(19, 20.5, 21, 22, 23, 24)cm가 될 때까지 그냥 뜨되, 안면까지 뜬 다음 멈춘다. 실을 자르지 않고 둔다.

오른쪽 목둘레선 연장

1단: (겉면) 마지막 2(2, 4, 4, 4, 4, 6)코가 남을 때까지 뜨다가 이 코들을 양끝이 뾰족한 막대바늘에 옮기고, 이 코들에 대응하는 뒤판의 2(2, 4, 4, 4, 4, 6)코를 또 다른 막대바늘에 옮긴 다음 남겨둔 실을 가지고 바늘 3개를 이용한 코막음 방법으로 양쪽 코들을 함께 코막음한다. 그런 다음 작업하던 바늘을 가지고 1코를 줍는다. → 앞판의 18코와 뒤판의 1코가 남아 총 19코가 된다.

2단: (안면) 오른코 모아뜨기, 끝까지 뜨기. → 1코가 준다.

3단: 1코 안뜨기, 차트대로 16코 뜨기, 실을 편물 뒤에 둔 채 안뜨기하듯이 1코 걸러뜨기, 뒤판 목 가장자리에서 1코 줍기.

위의 2단과 3단을 뒤판 목 중심에 이를 때까지 반복하되, 겉면 단까지 뜨고 멈춘다. 마지막 단에서는 끝에 코를 줍지 않는다.

쉼코로 두었던 왼쪽 앞판 목둘레선의 18코를 작업하는 바늘로 옮기는데, 이때 평행으로 잡으면 바늘 끝이 오른쪽 앞판의 바늘과 같은 방향으로 놓이도록 잡는다. 양쪽 목둘레선의 겉면이 맞닿도록 잡아 솔기가 안면으로 가도록 하여, 바늘 3개를 이용한 코막음 방법으로 모든 코를 코막음한다.

마무리

목둘레선 정리

겉면을 마주 본 상태에서 줄바늘을 가지고 뒤판 목둘레선 중심 솔기에서 시작해 목둘레선을 따라 앞판의 목선 중심까지 코가 고르게 나뉘도록 하며 4단에 3코씩 코를 줍는다. 중심의 V자 지점에서 1코를 줍고 콧수링을 끼운 다음 같은 자리에서 1코를 더 줍고, 계속해서 뒤판 목둘레선 중심까지 코가 고루 나뉘도록 하며 4단에 3코씩 코를 줍는다. 총 164(171, 176, 181, 190, 195, 201)코가 된다. 콧수링을 끼우고 원통뜨기를 할 수 있도록 양끝을 연결한다.

1단: 앞판 중심의 콧수링 앞에 2코가 남을 때까지 안뜨기를 한다. 안뜨기에서 오른코 줄이기를 하고, 콧수링을 옮기고, 2코 모아 안뜨기하고, 끝까지 안뜨기한다. → 2코가 준다.

2단: 모두 겉뜨기한다.

1단과 동일하게 뜨면서 코막음한다.

진동선 정리

겉면을 마주 본 상태에서 양끝이 뾰족한 막대바늘을 가지고 겨드랑이의 코막음한 중심에서 시작해 진동선 둘레를 따라 코가 고루 나뉘도록 하며 78(84, 88, 94, 98, 104, 108)코를 줍는다(대략 코막음한 1코에 1코씩, 4단에 3코씩). 콧수링을 끼우고 원형뜨기를 할 수 있도록 양끝을 연결한다. 안뜨기로 1단, 겉뜨기로 1단을 뜬다.

모든 코를 안뜨기하듯이 코막음한다.

남은 실꼬리들을 편물에 엮어 감춘다. 치수에 맞게 블로킹*한다.

Twist Shrug
꽈배기 슈러그

저녁 외출 시 우아함을 더해주기에 완벽한 아이템. 두 겹의 실로 뒤판 중심의 꽈배기 패널부터 뜨고, 한 겹의 실로 패널 양쪽에서 코를 주워 소매를 만들어나가 소맷부리까지 완성한다. 소맷부리와 몸판의 트인 부분 가장자리는 신축성이 좋은 피코식 코막음 방법을 써서 편안한 착용감에 여성스러움까지 가미한다.

완성 사이즈
트임 부분 둘레 85(95, 103, 113, 124.5, 132, 139.5)cm
견본 사이즈 95cm

실
굵기: 병태사 (Worsted, DK)
견본에 사용한 실: Bijou Basin Ranch 사의 Bliss(야크 50%, 코르모 50%, 137m/56g) 색상기호 #13 steel, 4(4, 5, 5, 6, 6, 7)볼

바늘
중심 패널: 5.5mm
몸판, 소매, 테두리: 4.5mm 80cm 줄바늘과 양끝이 뾰족한 막대바늘 4개
게이지가 정확히 맞지 않으면 바늘 굵기를 바꿔서 조정한다.

기타 준비물
콧수링, 꽈배기바늘, 돗바늘

게이지
4.5mm 바늘을 가지고 가터뜨기를 했을 때 20코 32단=사방 10cm
5.5mm 바늘을 가지고 두 겹의 실로 꽈배기 패널을 떴을 때 24코 24단=가로 15cm 세로 11cm

중심 패널

5.5mm 바늘과 실 두 겹을 써서 기본 코 만들기* 방법으로 28(28, 30, 30, 32, 32, 34)코를 만든다.

설정단: (안면) 안메리야스뜨기(안면에서 겉뜨기, 겉면에서 안뜨기)로 2(2, 3, 3, 4, 4, 5)코 뜨고, 콧수링 걸고, 24코에 걸쳐 꽈배기 차트의 1(1, 19, 19, 1, 1, 19)단을 뜨고, 콧수링을 걸고, 끝까지 안메리야스뜨기를 한다.

설정된 패턴대로 51(51, 63, 63, 75, 75, 87)단이 될 때까지 계속 뜨는데, 차트의 3(3, 9, 9, 3, 3, 9)단까지 뜨게 된다. 모든 코를 코막음하고 두 겹 중 한 겹의 실을 자르고 자른 실꼬리는 마지막 코의 고리로 통과시킨다. 남은 한 겹의 실로 된 코는 4.5mm 줄바늘에 건다.

꽈배기 차트

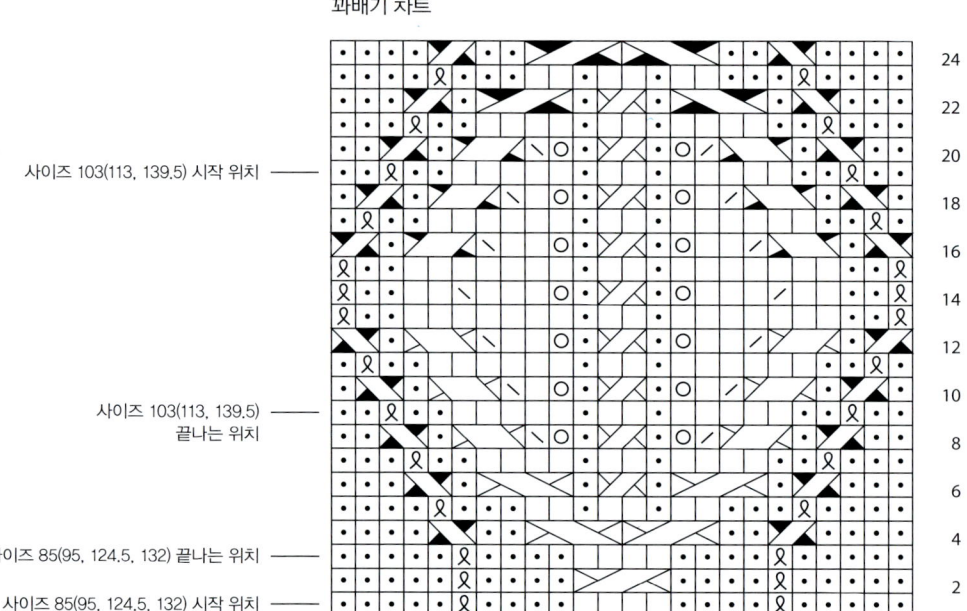

사이즈 103(113, 139.5) 시작 위치

사이즈 103(113, 139.5) 끝나는 위치

사이즈 85(95, 124.5, 132) 끝나는 위치
사이즈 85(95, 124.5, 132) 시작 위치

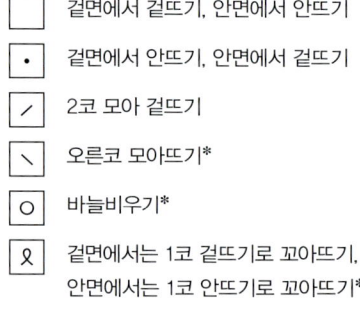

겉면에서 겉뜨기, 안면에서 안뜨기
겉면에서 안뜨기, 안면에서 겉뜨기
2코 모아 겉뜨기
오른코 모아뜨기*
바늘비우기*
겉면에서는 1코 겉뜨기로 꼬아뜨기, 안면에서는 1코 안뜨기로 꼬아뜨기*

꽈배기바늘에 1코 걸어 편물 뒤쪽으로 잡고서 1코 겉뜨기, 꽈배기바늘에 건 1코 겉뜨기

꽈배기바늘에 1코 걸어 편물 뒤쪽으로 잡고서 1코 겉뜨기, 꽈배기바늘에 건 1코 안뜨기

꽈배기바늘에 1코 걸어 편물 앞쪽으로 잡고서 1코 안뜨기, 꽈배기바늘에 건 1코 겉뜨기

꽈배기바늘에 2코 걸어 편물 앞쪽으로 잡고서 1코 안뜨기, 꽈배기바늘에 건 2코 겉뜨기

꽈배기바늘에 1코 걸어 편물 뒤쪽으로 잡고서 2코 겉뜨기, 꽈배기바늘에 건 1코 안뜨기

꽈배기바늘에 2코 걸어 편물 앞쪽으로 잡고서 1코 겉뜨기, 꽈배기바늘에 건 2코 겉뜨기

꽈배기바늘에 1코 걸어 편물 뒤쪽으로 잡고서 2코 겉뜨기, 꽈배기바늘에 건 1코 겉뜨기

꽈배기바늘에 2코 걸어 편물 앞쪽으로 잡고서 2코 겉뜨기, 꽈배기바늘에 건 2코 겉뜨기

꽈배기바늘에 2코 걸어 편물 앞쪽으로 잡고서 2코 겉뜨기, 꽈배기바늘에 건 2코 겉뜨기

꽈배기바늘에 2코 걸어 편물 뒤쪽으로 잡고서 2코 겉뜨기, 꽈배기바늘에 건 2코 안뜨기

꽈배기바늘에 2코 걸어 편물 앞쪽으로 잡고서 2코 안뜨기, 꽈배기바늘에 건 2코 겉뜨기

참고

자신에게 잘 맞는 치수를 측정하려면, (다른 사람에게 부탁하는 것도 좋다) 긴 면사의 한 끝을 목 뒤쪽에서 잡고, 어깨를 넘어 앞 상체로 가져와서 한쪽 팔 밑으로 돌려 등 가운데로 가져갔다가 반대쪽 팔 밑으로 돌려서 다시 목 뒤로 가져간다. 그렇게 해서 잰 실의 길이에 2.5~5cm를 더하면 편안하게 맞는 치수가 나온다.

중심패널에는 실을 두 겹 겹쳐서 뜨고, 나머지는 한 겹으로 뜬다.

왼쪽 몸판

4.5mm 줄바늘로 계속 뜬다.

중심 패널을 시계방향으로 90도 돌린다. 첫째 단의 옆 가장자리에서 1코를 주운 다음 그 코를 코막음하고 중심 패널의 옆선을 따라 코가 고루 나뉘도록 하며 39(44, 49, 54, 59, 64, 69)코를 줍는다. → 40(45, 50, 55, 60, 65, 70)코가 된다.

단면뜨기로 모든 단을 겉뜨기로 2(4, 8, 12, 16, 20, 24)단을 뜬다. 겉면까지 뜨게 된다.

목둘레선 만들기

늘림단: (안면) 마지막 1코 남을 때까지 겉뜨기, 1코 만들기*, 1코 겉뜨기. → 1코가 는다.

겉뜨기로 5(5, 7, 7, 7, 7, 7)단 뜬다.

위의 6(6, 8, 8, 8, 8, 8)단을 1(4, 2, 4, 4, 5, 5)번 더 반복한다. → 42(50, 53, 60, 65, 71, 76)코가 된다.

사이즈 85(95, 103, 113, 124.5)cm

늘림단: (안면) 마지막 1코 남을 때까지 겉뜨기, 1코 만들기, 1코 겉뜨기. → 1코가 는다.

겉뜨기로 3(3, 5, 5, 5)단 뜬다.

위의 4(4, 6, 6, 6)단을 5(2, 2, 0, 0)번 더 반복한다. → 48(53, 56, 61, 66)코가 된다.

모든 사이즈

늘림단: (안면) 마지막 1코 남을 때까지 겉뜨기, 1코 만들기, 1코 겉뜨기. → 49(54, 57, 62, 67, 72, 77)코가 된다.

3개의 양끝이 뾰족한 막대바늘에 전체 코를 최대한 균등하게 나눈다.

다음 단: (겉면) 마지막 1코 남을 때까지 겉뜨기, 콧수링 끼우기. → 1코는 뜨지 않은 채 남아 있다.

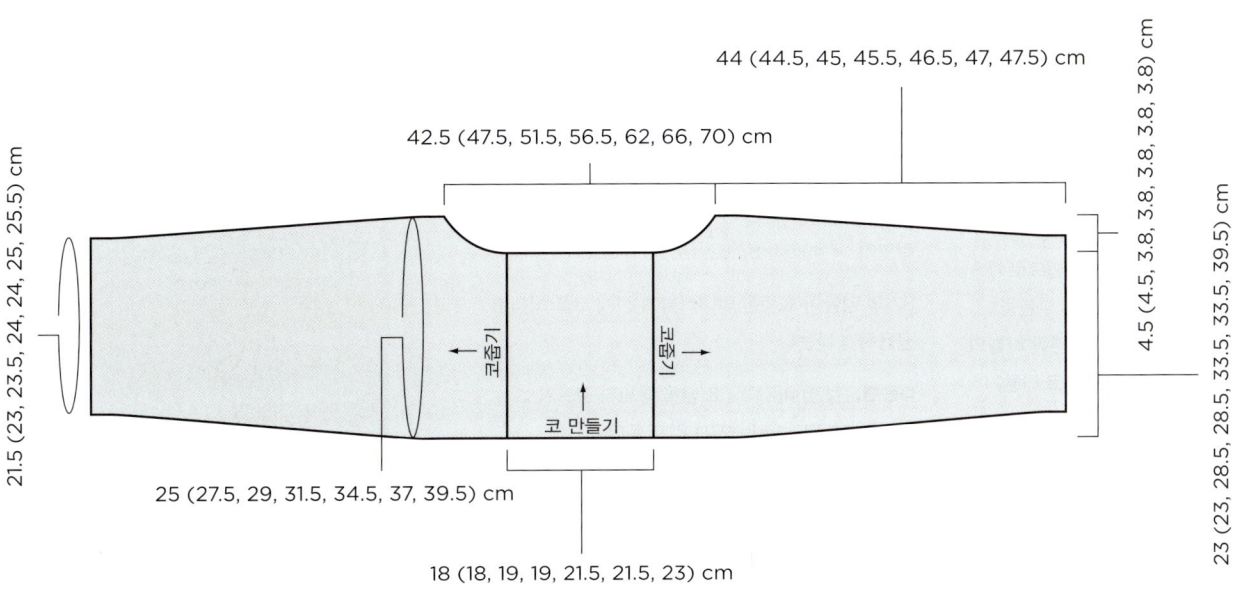

소매

원통뜨기 연결단: (전 단에서 뜨지 않은 마지막 코와 이 단의 첫코를) 2코 모아 안뜨기, 끝까지 안뜨기. → 48(53, 56, 61, 66, 71, 76)코가 남는다.

가터뜨기(겉뜨기 1단, 안뜨기 1단)로 45(33, 29, 21, 17, 13, 13)단을 계속 뜬다. 겉뜨기 단까지 뜨게 된다.

줄임단: 1코 안뜨기, 2코 모아 안뜨기, 마지막 2코 남을 때까지 안뜨기, 안뜨기에서 오른코 줄이기*. → 2코가 준다.

바로 위의 46(34, 30, 22, 18, 14, 14)단을 0(2, 0, 2, 2, 7, 2)번 더 반복한다. → 46(45, 46, 47, 48, 49, 50)코가 남는다.

[가터뜨기로 41(29, 25, 17, 13, 9, 9)단 뜨기(겉뜨기 단까지 뜨게 된다), 줄임단 뜨기]를 2(1, 4, 4, 6, 3, 10)번 반복한다. → 42(45, 46, 47, 48, 49, 50)코가 남는다.

편물이 원통뜨기로 연결한 부분부터 44(44.5, 45, 45.5, 46.5, 47, 47.5)cm가 될 때까지 계속 가터뜨기를 하고, 안뜨기 단까지 뜨고 멈춘다.

다음과 같은 방법으로 피코식 코막음한다.

1코 코막음. ※오른쪽 바늘 끝에 걸린 1코를 왼쪽 바늘로 옮기고, 꽈배기식 코 만들기* 방법으로 2코를 만들고 4코를 코막음한다. ※표한 부분을 마지막 1코가 남을 때까지 반복한다. 오른쪽 바늘의 1코를 왼쪽 바늘로 옮긴 다음 꽈배기식 코 만들기 방법으로 2코를 만들고, 3코를 코막음한 다음 단의 시작 부분에서 1코를 줍고 1코를 코막음한다. 실을 자르고 남은 실꼬리를 코 사이로 엮어 고정한다.

오른쪽 몸판

실 한 겹과 4.5mm 줄바늘로, 중심 패널의 겉면을 마주 보고 오른쪽 가장자리를 따라 코가 고루 나뉘도록 하며 40(45, 50, 55, 60, 65, 70)코를 줍는다.

겉뜨기로 2(4, 8, 12, 16, 20, 24)단을 뜬다. 겉면 단까지 뜨게 된다.

목둘레선 만들기

늘림단: (안면) 1코 겉뜨기, 1코 만들기, 끝까지 겉뜨기. → 1코가 는다.

겉뜨기로 5(5, 7, 7, 7, 7, 7)단 뜬다.

위의 6(6, 8, 8, 8, 8, 8)단을 1(4, 2, 4, 4, 5, 5)번 더 반복한다. → 42(50, 53, 60, 65, 71, 76)코가 된다.

사이즈 85(95, 103, 113, 124.5)cm

늘림단: (안면) 1코 겉뜨기, 1코 만들기, 끝까지 겉뜨기. → 1코가 는다.

겉뜨기로 3(3, 5, 5, 5)단을 뜬다.

위의 4(4, 6, 6, 6)단을 5(2, 2, 0, 0)번 더 반복한다. → 48(53, 56, 61, 66)코가 된다.

모든 사이즈

늘림단: (안면) 1코 겉뜨기, 1코 만들기, 끝까지 겉뜨기. → 49(54, 57, 62, 67, 72, 77)코가 된다.

3개의 양끝이 뾰족한 막대바늘에 전체 코를 최대한 균등하게 나눈다.

다음 단: (겉면) 마지막 1코 남을 때까지 겉뜨기, 콧수링 끼우기, 1코는 뜨지 않고 둔다.

소매

왼쪽 소매와 같은 방법으로 뜬다.

마무리

테두리

실 한 겹과 4.5mm 줄바늘을 가지고 겉면을 마주 본 채 ※소매 연결부분에서부터 몸통 트임 부분을 따라 고르게 20(24, 26, 30, 32, 35, 37)코를 줍고, 중심 패널을 따라 28(28, 30, 30, 32, 32, 34)코를 줍고, 트임 부분을 따라 반대 소매까지 20(24, 26, 30, 32, 35, 37)코를 줍는다. ※표한 부분을 1번 더 반복한다. → 총 136(152, 164, 180, 192, 204, 216)코가 만들어진다.

콧수링을 끼우고 원통뜨기를 할 수 있도록 양끝을 연결한다. 1단 안뜨기하고, [1단 겉뜨기, 1단 안뜨기]를 2번 반복한다.

소매 끝에서 썼던 피코식 코막음 방법으로 모든 코를 코막음한다.

남은 실꼬리를 편물에 엮어 감추고, 치수에 맞게 블로킹*한다.

긴 면을 따라 코줍기

편물의 긴 면을 따라 많은 수의 코를 고르게 줍는 것은 쉬운 일이 아니다. 전체를 균등하게 6 또는 8등분하여(편물을 3 또는 4번 반으로 접어) 콧수링으로 표시해두면 좀 더 쉽게 주울 수 있다. 그런 다음 주워야 할 전체 콧수를 각 부분의 수로 나누고, 전체 코가 고루 나뉘도록 필요한 경우에는 부분부분 콧수를 조절하면 된다.

Yoke Pullover
요크 풀오버

목선에서 시작해 아래로 떠 내려가는 이 단순한 풀오버는 꽈배기 무늬를 좋아하는 사람들이 처음 시도해볼 스웨터로 적합하다. 요크 부분을 원통형으로 뜨며 몇 단에 걸쳐 콧수를 늘린다음 소매와 몸통으로 나눠 뜬다. 몸통에는 기본적인 허리선 모양이 들어가고, 소매는 소맷부리까지 일자형으로 뜬다. 빨리 뜰 수 있을 뿐 아니라 입으면 참 따뜻한 스웨터이다.

완성 사이즈
가슴둘레 약 78(87, 94.5, 103, 112, 118.5, 127.5)cm
견본 사이즈는 87cm

실
굵기: 극태사(Bulky, Chunky)

견본에 사용한 실: Green Mountain Spinnery 사의 Yarn Over(알파카, 모헤어, 텐셀 등이 가미된 울, 142m/115g) 색상기호 Red 6(6, 7, 7, 8, 8, 9)볼

바늘
6mm, 각 40cm, 60cm, 80cm의 줄바늘, 양끝이 뾰족한 막대바늘 5개
게이지가 정확히 맞지 않으면 바늘 굵기를 바꿔서 조정한다.

기타 준비물
꽈배기바늘, 스티치홀더 또는 다른 실, 돗바늘

게이지
원통뜨기로 메리야스뜨기를 했을 때
14코 19단=사방 10cm
원통뜨기로 꽈배기 차트 5를 떴을 때
18코 24단=사방 10cm

요크

40cm 줄바늘로 기본 코 만들기 방법*을 써서 54(57, 60, 63, 63, 66, 69)코를 만든다. 코들이 꼬이지 않게 조심하며 원통뜨기로 가터뜨기를 할 수 있도록 양끝을 연결하여* 연결부위가 겉면으로 나오도록 한다. 콧수링을 끼워 단의 시작 부분을 표시한다.

겉뜨기로 1단, 안뜨기로 1단, 겉뜨기로 1단을 뜬다.

주의: 코들이 많아져서 짧은 줄바늘로 뜨기가 불편해지면 더 긴 바늘로 바꾼다.

늘림단 1: 10(1, 9, 3, 11, 8, 5)코 안뜨기, 안뜨기에서 1코 만들기*, ※4(4, 3, 3, 2, 2, 2)코 안뜨기, 1코 만들기*. ※표한 부분 반복. → 66(72, 78, 84, 90, 96, 102)코가 된다.

겉뜨기로 1단을 뜬다.

다음 단: ※1코 안뜨기, 2코 겉뜨기, ※표한 부분 반복

다음 단: ※1코 겉뜨기, 왼쪽 교차뜨기(뜨개 가이드), ※표한 부분 반복

늘림단 2: ※1코 안뜨기, 안뜨기에서 1코 만들기, 2코 겉뜨기. ※표한 부분 반복. → 88(96, 104, 112, 120, 128, 136)코가 된다.

꽈배기 차트 1을 1단부터 시작해서 1(1, 3, 1, 3, 1, 3)단 뜬다.

늘림단 3: ※1코 안뜨기, 안뜨기에서 1코 만들기, 1코 안뜨기, 1코 겉뜨기, 1코 만들기, 1코 겉뜨기. ※표한 부분 반복. → 132(144, 156, 168, 180, 192, 204)코가 된다.

꽈배기 차트 2를 3단 뜬다.

늘림단 4: ※3코 안뜨기, 2코 겉뜨기, 1코 만들기, 1코 겉뜨기. ※표한 부분 반복. → 154(168, 182, 196, 210, 224, 238)코가 된다.

꽈배기 차트 3을 7(3, 3, 7, 7, 11, 11)단 뜬다.

늘림단 5: ※3코 안뜨기, 2코 겉뜨기, 1코 만들기, 2코 겉뜨기. ※표한 부분 반복. → 176(192, 208, 224, 240, 256, 272)코가 된다.

꽈배기 차트 4를 5(11, 11, 11, 11, 11, 11)단 뜬다.

늘림단 6: ※3코 안뜨기, 3코 겉뜨기, 1코 만들기, 2코 겉뜨기. ※표한 부분 반복. → 198(216, 234, 252, 270, 288, 306)코가 된다.

꽈배기 차트 5를 8단 뜬다.

줄임단: 12(14, 15, 2, 4, 27, 7)코 겉뜨기, 오른코 모아뜨기*, ※6(6, 5, 6, 6, 5, 7)코 겉뜨기, 오른코 모아뜨기. ※표한 부분 반복. → 174(190, 202, 220, 236, 250, 272)코가 남는다.

안뜨기로 1단 뜨고, 겉뜨기로 4단 뜬다. 편물의 길이가 시작 단부터 약 18(18.5, 19.5, 20.5, 21, 22, 23)cm가 된다.

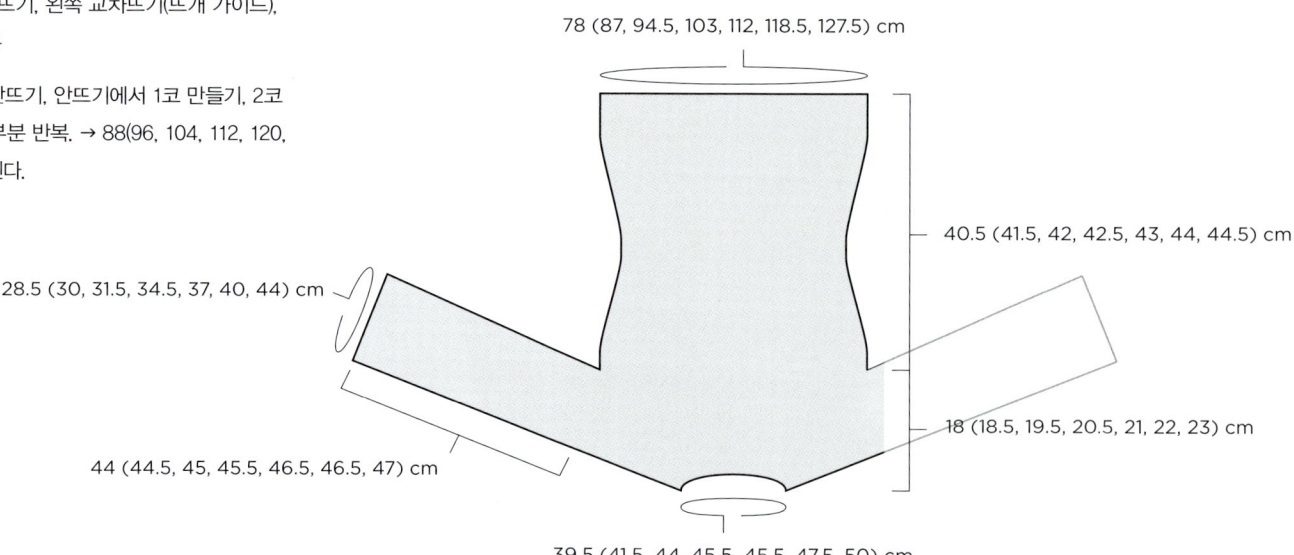

78 (87, 94.5, 103, 112, 118.5, 127.5) cm

40.5 (41.5, 42, 42.5, 43, 44, 44.5) cm

28.5 (30, 31.5, 34.5, 37, 40, 44) cm

18 (18.5, 19.5, 20.5, 21, 22, 23) cm

44 (44.5, 45, 45.5, 46.5, 46.5, 47) cm

39.5 (41.5, 44, 45.5, 45.5, 47.5, 50) cm

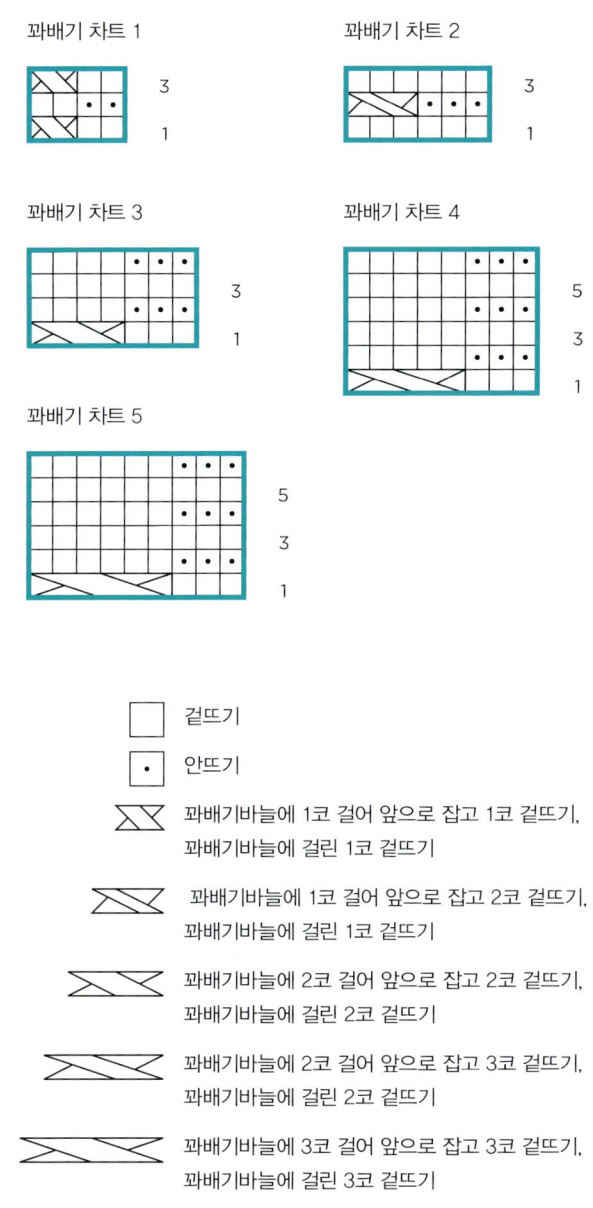

꽈배기 차트 1

꽈배기 차트 2

꽈배기 차트 3

꽈배기 차트 4

꽈배기 차트 5

□ 겉뜨기

• 안뜨기

⊠ 꽈배기바늘에 1코 걸어 앞으로 잡고 1코 겉뜨기, 꽈배기바늘에 걸린 1코 겉뜨기

⊠ 꽈배기바늘에 1코 걸어 앞으로 잡고 2코 겉뜨기, 꽈배기바늘에 걸린 1코 겉뜨기

⊠ 꽈배기바늘에 2코 걸어 앞으로 잡고 2코 겉뜨기, 꽈배기바늘에 걸린 2코 겉뜨기

⊠ 꽈배기바늘에 2코 걸어 앞으로 잡고 3코 겉뜨기, 꽈배기바늘에 걸린 2코 겉뜨기

⊠ 꽈배기바늘에 3코 걸어 앞으로 잡고 3코 겉뜨기, 꽈배기바늘에 걸린 3코 겉뜨기

□ 반복 단위

뜨개 가이드

왼쪽 교차뜨기: 오른쪽 바늘 끝을 왼쪽 바늘의 첫 코 뒤로 가져가서 왼쪽 바늘 둘째 코의 뒤쪽 고리를 통해 겉뜨기하는데, 이때 두 코 모두 왼쪽 바늘에서 빠지지 않은 상태를 유지하고, 이어서 왼쪽 바늘의 첫 코를 겉뜨기한 다음 두 코를 동시에 왼쪽 바늘에서 뺀다.

소매와 몸통 나누기

※뒤판의 51(57, 61, 67, 72, 76, 82)코를 겉뜨기하고, 소매가 될 다음 36(38, 40, 43, 46, 49, 54)코를 스티치홀더나 다른 실에 옮겨두고, 뒤로 감아 코 만들기* 방법으로 1(1, 2, 2, 2, 3, 3)코를 만들고, 콧수링을 끼워 옆선을 표시하고, 2(2, 2, 2, 3, 3, 3)코를 더 만든다. ※표한 부분을 반복하여 앞판과 소매도 나눈다. → 앞판과 뒤판에 각각 54(60, 65, 71, 77, 82, 88)코씩 몸판을 뜰 코가 108(120, 130, 142, 154, 164, 176)코 남는다. 단의 시작 부분에 콧수링을 끼운다.

몸판

겉뜨기로 5단을 뜬다.

줄임단: ※1코 겉뜨기, 오른코 모아뜨기, 다음 콧수링 앞에 3코 남을 때까지 뜨기, 2코 모아 겉뜨기, 1코 겉뜨기, 콧수링 옮기기. ※표한 부분 반복. → 4코가 준다.

겉뜨기로 6(6, 6, 7, 7, 8, 8)단을 뜬다.

위의 7(7, 7, 8, 8, 9, 9)단을 2번 더 뜬 다음, 줄임단을 1번 더 뜬다. → 92(104, 114, 126, 138, 148, 160)코가 남는다.

겉뜨기로 5단을 뜬다.

탑다운식 스웨터를 뜨는 도중에 입어보며 치수 조정하기

목선부터 뜨기 시작해서 아래로 내려가며 뜨는 탑다운식 스웨터의 이점은 뜨는 도중에 입어볼 수 있다는 것이다. 어느 시점에나 입어볼 수 있기는 하지만 앞판, 뒤판, 소매를 나누고 몇 단을 더 뜬 뒤에 입어보도록 한다. 그때가 되어야 요크가 어깨와 겨드랑이에 편안히 잘 맞는지 분명히 확인할 수 있기 때문이다.

뜨는 도중에 입어볼 때는 먼저 스티치홀더에 옮겨둔 쉼코들을 코를 완전히 벌려도 빠지지 않을 만큼 충분히 긴 실에 옮겨야 한다. 그런 다음 머리 위로 스웨터를 입어보고 착용감을 평가한다. 편안히 잘 맞으면 그대로 계속 뜨고, 그렇지 않다면 다음과 같이 조정한다.

요크가 너무 길거나 너무 짧은 경우: 소매와 몸판을 나눈 부분까지 편물을 풀어서 요크를 원하는 길이로 조정한다. 요크 길이를 줄일 때는 풀어낼 단 중에 줄임단이나 늘림단이 포함되는지 확인하여 더 이전 단에서 줄이거나 늘리기를 포함시켜야 조정 뒤에 요크의 콧수를 원래 패턴과 같이 유지할 수 있다.

소매나 몸통이 너무 조이거나 너무 헐렁한 경우: 대개 겨드랑이 아랫부분의 코는 요크의 가장 아랫단에서 잡는다. 만약 몸통과 소매 모두 너무 조이거나 너무 헐렁하다면 보다 편안하게 맞도록 콧수를 조정한다.

몸통은 너무 헐렁한데 소매는 너무 조이는 경우, 또는 그 반대인 경우: 소매와 몸통을 나누는 위치를 몸통과 소매 모두 편안해지도록 옮긴다. 예를 들어 몸통의 120코가 몸에 너무 헐렁하고 소매의 57코가 팔을 너무 조인다면, 몸통 쪽의 코를 소매 쪽으로 일부 넘겨준다. 예를 들어 몸통을 116코로, 소매를 61코로 한다.

늘림단: ※1코 겉뜨기, 1코 만들기, 다음 콧수링 앞에 1코 남을 때까지 뜨기, 1코 만들기, 1코 겉뜨기, 콧수링 옮기기. ※표한 부분 반복. → 4코가 는다.

겉뜨기로 9단을 뜬다.

위의 10단을 2번 더 뜨고, 늘림단을 1번 더 뜬다. → 108(120, 130, 142, 154, 164, 176)코가 된다.

편물이 몸판을 나눈 단부터 39.5(40, 40.5, 41.5, 42, 42.5, 43)cm가 될 때까지 메리야스뜨기로 계속 뜬다.

안뜨기로 1단, 겉뜨기로 1단을 뜬다.

모든 코를 안뜨기하듯이 코막음한다.

소매

쉼코로 두었던 36(38, 40, 43, 46, 49, 54)코를 3개의 막대바늘에 나눠 옮긴다. 또 하나의 막대바늘로 겨드랑이부분에서 만든 몸판 코에서 5(5, 6, 6, 7, 8, 8)코를 줍는다. 이 주운 코들의 가운데에 콧수링을 끼워 단의 시작 부분을 표시한다. → 총 41(43, 46, 49, 53, 57, 62)코.

줄임단: 쉼코로 두었던 코들 중 마지막 1코가 남을 때까지 겉뜨기한 다음, (쉼코 1코와 주운 코 1코로) 오른코 모아뜨기하고, 단의 끝까지 겉뜨기한 다음 콧수링을 옮기고, 주운 코가 1코 남을 때까지 겉뜨기하고, (주운 코 1코와 쉼코 1코로) 2코 모아 겉뜨기한다. → 39(41, 44, 47, 51, 55, 60)코가 남는다.

편물이 소매를 나눈 단부터 42.5(43, 44, 44.5, 45, 45, 45.5)cm가 될 때까지 메리야스뜨기로 계속 뜬다.

안뜨기로 1단, 겉뜨기로 1단 뜬다.

모든 코를 안뜨기방향으로 코막음한다.

마무리

남은 실꼬리를 편물 속으로 엮어 넣어 감추고, 치수에 맞게 블로킹*한다.

Hood Vest
후드 베스트

매우 독특한 구조의 이 조끼는 임시 코 만들기로 시작한다. 그리고 사선 되돌아뜨기로 주머니의 모양을 만든 다음 아랫단에서 접어 올려 임시 코들을 몸판과 연결한다. 몸판과 후드를 완성한 다음에는 앞단 선을 따라 코를 주우면서 동시에 주머니와 몸통도 매끄럽게 연결한다. 이 조끼는 우리가 매일 입는 후드티셔츠처럼 편안해서 그만큼 즐겨 입는 옷이 될 것이다.

완성 사이즈
가슴둘레 79.5(87.5, 95, 104, 112.5, 121.5, 129.5)cm (단추를 채울 때 겹치는 1.3cm 포함)
견본 사이즈는 87.5cm

실
굵기: 병태사(Worsted, DK)
견본에 사용한 실: O-Wool 사의 Balance (유기농 면 50%, 유기농 울 50%, 119m/50g) 색상기호 #3222 malachite, 7(8, 9, 9, 10, 11, 12)볼

바늘
몸판, 소매, 후드: 3.75mm 80cm 줄바늘
테두리: 3.5mm 40cm와 100cm 줄바늘
게이지가 정확히 맞지 않으면 바늘 굵기를 바꿔서 조정한다.

기타 준비물
꽈배기바늘, 콧수링, 임시 코 만들기에 쓸 다른 실과 4mm 코바늘, 꽂았다 뺄 수 있는 핀 형 단수링 스티치홀더나 다른 실, 돗바늘, 지름 2.5cm 단추 4개

게이지
3.75mm 바늘로 안메리야스뜨기했을 때
19코 27단=사방 10cm
3.75mm 바늘로 꽈배기 패널 10코를 떴을 때
= 너비 3cm

뜨개 가이드

꽈배기 패널(10코)

1, 3, 7, 9단: (겉면) 겉뜨기

2, 4, 6, 8단: 안뜨기

5단: 꽈배기바늘에 5코를 걸어 편물의 앞쪽으로 잡고 다음 5코를 겉뜨기한 다음 꽈배기바늘에 걸린 5코를 겉뜨기한다.

10단: 안뜨기

1~10단을 반복해서 뜨며 무늬를 만든다.

주의

▬▬▬ 조끼는 아랫단부터 시작해서 위쪽으로 떠 올라간다.

▬▬▬ 주머니는 사선 되돌아뜨기로 모양을 만든 다음 몸판과 연결한다.

▬▬▬ 단추를 달 앞단으로 완전히 코를 연결하기 전까지는 주머니가 헐겁게 아래로 처진다.

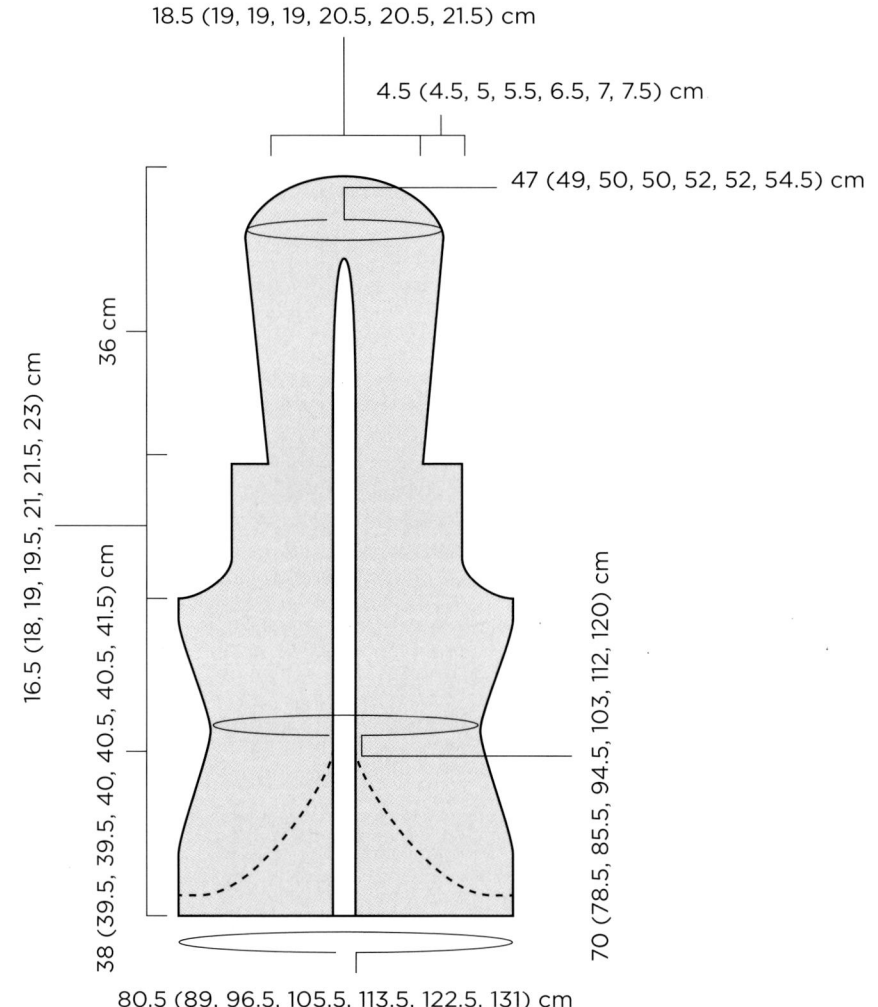

18.5 (19, 19, 19, 20.5, 20.5, 21.5) cm

4.5 (4.5, 5, 5.5, 6.5, 7, 7.5) cm

47 (49, 50, 50, 52, 52, 54.5) cm

36 cm

16.5 (18, 19, 19.5, 21, 21.5, 23) cm

70 (78.5, 85.5, 94.5, 103, 112, 120) cm

38 (39.5, 39.5, 40, 40.5, 40.5, 41.5) cm

80.5 (89, 96.5, 105.5, 113.5, 122.5, 131) cm

몸판

3.5mm 바늘과 작업할 것이 아닌 다른 실과 코바늘을 가지고 임시 코 만들기*방법으로 146(162, 176, 192, 208, 224, 240)코를 만든다. 단면뜨기로 다음과 같이 뜬다.

작업할 실을 가지고 겉면 쪽부터 시작해서 메리야스뜨기(겉면에서 겉뜨기, 안면에서 안뜨기)를 9단 떠서 주머니와 연결될 끝동을 만든다. 겉면 단까지 뜨게 된다.

접는 단: (안면) 3.75mm 줄바늘로 겉뜨기.

메리야스뜨기로 8단을 더 뜬다. 안면 단까지 뜨게 된다.

오른쪽 주머니

다음과 같이 사선 되돌아뜨기*를 한다.

사선 되돌아뜨기 1: 겉면을 마주 보고 36코 겉뜨기, 다음 코 에워싸기, 편물 돌려 안면을 마주 보고 끝까지 안뜨기.

사선 되돌아뜨기 2: 겉면을 마주 보고 전 단에서 에워쌌던 코 앞에 2코가 남을 때까지 겉뜨기, 다음 코 에워싸기, 편물을 돌려 끝까지 안뜨기.

사선 되돌아뜨기 2를 8번 더 반복한다.

더 가는 바늘로 코 줍기

주운 코가 느슨하거나 헐렁해 보이지 않도록 하려면, 한두 사이즈 작은 바늘로 코를 주운 다음 뜨기 시작할 때 원래 사이즈의 바늘로 바꾼다.

사선 되돌아뜨기 3: 겉면을 마주 보고 에워싼 코 앞에 1코가 남을 때까지 겉뜨기, 다음 코 에워싸기, 편물 돌려 끝까지 안뜨기.

사선 되돌아뜨기 2와 3을 2번 더 반복한 다음 사선 되돌아뜨기 3을 9번 더 반복한다.

사선 되돌아뜨기 4: 겉면을 마주 보고, 에워싸인 코들과 에워싼 실들을 함께 떠서 에워싼 실 감추면서 37코 겉뜨기, 다음 코 에워싸기, 편물 돌려 안면을 마주 보고 끝까지 겉뜨기.

다음 단: 겉면을 마주 보고 37코 겉뜨기, 콧수링 끼우기, 에워싼 실들이 나타나면 함께 떠 감추면서 끝까지 겉뜨기.

왼쪽 주머니

사선 되돌아뜨기 1: 안면을 마주 보고 36코 안뜨기, 다음 코 에워싸기, 편물 돌려 겉면을 마주 보고 끝까지 겉뜨기.

사선 되돌아뜨기2: 안면을 마주 보고 전 단에서 에워쌌던 코 앞에 2코가 남을 때까지 안뜨기, 다음 코 에워싸기, 편물을 돌려 끝까지 겉뜨기.

사선 되돌아뜨기 2를 8번 더 반복한다.

사선 되돌아뜨기 3: 안면을 마주 보고 에워싼 코 앞에 1코가 남을 때까지 안뜨기, 다음 코 에워싸기, 편물 돌려 끝까지 겉뜨기.

사선 되돌아뜨기 2와 3을 2번 더 반복한 다음 사선 되돌아뜨기 3을 9번 더 반복한다.

사선 되돌아뜨기 4: 안면을 마주 보고, 에워싸인 코들과 에워싼 실들을 함께 떠서 에워싼 실 감추면서 37코 겉뜨기, 다음 코 에워싸기, 편물 돌려 끝까지 겉뜨기.

다음 단: 안면을 마주 보고 겉뜨기하듯이 느슨하게 37코 코막음, 콧수링 앞까지 안뜨기, 남은 37코 느슨하게 코막음. → 몸판에 72(88, 102, 118, 134, 150, 166)코가 남는다. 실을 자른다.

아랫단 접어 올려 이중직으로 연결하기

임시 코를 잡아주고 있던 사슬코의 실을 조심스럽게 풀어내고, 드러난 임시 코 146(162, 176, 192, 208, 224, 240)코를 3.5mm 줄바늘에 옮긴다. 임시 코들의 안면을 마주 보고 오른쪽 주머니 가장자리부터 뜰 위치에 실을 연결하여 또 하나의 3.75mm 줄바늘을 가지고 임시 코 중 37코를 안뜨기한 다음, 미리 떠둔 몸판 코들이 걸려 있는 3.75mm 바늘이 임시 코가 걸린 바늘 앞에 오도록 포개어 두 바늘에서 각 1코씩 2코 모아 겉뜨기한다. 아랫단이 다 연결될 때까지 같은 방법으로 2코 모아 겉뜨기를 한 다음, 남아 있는 임시 코 37코는 안뜨기한다. → 146(162, 176, 192, 208, 224, 240)코가 된다.

설정단: (안면) 7코 겉뜨기, 콧수링 끼우기, 1코 안뜨기, [1코 안뜨기, 안뜨기에서 1코 만들기*] 4번 반복, 1코 안뜨기, 콧수링 끼우기, 마지막 13코가 남을 때까지 겉뜨기, 콧수링 끼우기, 1코 안뜨기, [안뜨기에서 1코 만들기, 1코 안뜨기] 4번 반복, 1코 안뜨기, 콧수링 끼우기, 7코 겉뜨기. → 154(170, 184, 200, 216, 232, 248) 코.

다음 단: (겉면) ※콧수링 앞까지 안메리야스뜨기(겉면에서 안뜨기, 안면에서 겉뜨기)를 하고, 10코에 걸쳐 꽈배기 패널(뜨개 가이드)의 1단을 뜬다. ※표한 부분을 1번 반복하고 끝까지 안메리야스뜨기한다.

편물의 길이가 접는 단부터 7.5cm가 될 때까지 설정된 패턴대로 계속 뜨되, 겉면 단까지 뜨고 멈춘다.

다음 단: 설정된 패턴을 유지하며 왼쪽 앞판의 40(44, 48, 52, 56, 60, 64)코를 뜨고, 콧수링을 끼워 옆 '솔기'를 표시하고, 뒤판 74(82, 88, 96, 104, 112, 120)코를 뜬 다음, 콧수링으로 솔기를 표시하고, 오른쪽 앞판의 남은 40(44, 48, 52, 56, 60, 64)코를 뜬다.

허리선 만들기

줄임단: (겉면) 설정된 패턴대로 ※옆 솔기 콧수링 앞에 4코가 남을 때까지 뜨기, 안뜨기에서 오른코 줄이기*, 2코 안뜨기, 콧수링 옮기기, 2코 안뜨기, 2코 모아 안뜨기. ※표한 부분 1번 더 뜨고, 남은 코 모두 패턴대로 뜬다. → 4코가 준다.

설정된 패턴대로 5단을 그냥 뜬다.

위의 6단을 1번 더 반복한다. → 146(162, 176, 192, 208, 224, 240)코가 남는다.

[줄임단 1단, 7단 그냥 뜨기]를 3번 반복한다. → 양쪽 앞판이 각 35(39, 43, 47, 51, 55, 59)코씩, 뒤판이 64(72, 78, 86, 94, 102, 110)코로 총 134(150, 164, 180, 196, 212, 228)코가 남는다.

편물의 길이가 접는 단부터 23cm가 될 때까지 설정된 패턴대로 계속 뜨되, 안면 단까지 뜨고 멈춘다.

가슴선 만들기

늘림단: (겉면) 설정된 패턴대로 ※옆선 콧수링 앞에 2코가 남을 때까지 뜨기, 안뜨기에서 1코 만들기, 2코 안뜨기, 콧수링 옮기기, 2코 안뜨기, 안뜨기에서 1코 만들기. ※표한 부분 1번 반복하고 남은 코는 패턴대로 뜬다. → 4코가 는다.

설정된 패턴대로 그냥 7단을 뜬다.

위의 8단을 0(0, 1, 1, 2, 3, 3)번 반복한다. → 138(154, 172, 188, 208, 228, 244)코가 된다.

[늘림단 뜨기, 5단 그냥 뜨기]를 4(4, 3, 3, 2, 1, 1)번 반복한다. → 양쪽 앞판에 각 40(44, 48, 52, 56, 60, 64)코와 뒤판의 74(82, 88, 96, 104, 112, 120)코로 총 154(170, 184, 200, 216, 232, 248)코가 된다.

편물이 접는 단부터 38(39.5, 40, 40.5, 40.5, 41.5)cm가 될 때까지 설정된 대로 계속 뜨되, 안면 단까지 뜨고 멈춘다.

진동 만들기 위한 코 나누기

겉면을 마주 보고 ※옆선 콧수링 앞에 3(3, 4, 4, 5, 5, 5)코가 남을 때까지 뜬 다음 6(6, 8, 8, 10, 10, 10)코를 코막음하면서 도중에 콧수링은 뺀다. ※표한 부분을 1번 더 반복하고 나머지는 끝까지 그대로 뜬다. → 양쪽 앞판에 각 37(41, 44, 48, 51, 55, 59)코가 남고, 뒤판에는 68(76, 80, 88, 94, 102, 110)코가 남는다.

왼쪽 앞판의 37(41, 44, 48, 51, 55, 59)코만 단면뜨기로 계속 뜬다. 오른쪽 앞판과 뒤판의 코들은 스티치홀더나 다른 실에 옮기거나 줄바늘에 끼운 채 쉼코로 둔다.

왼쪽 앞판

안면을 마주 보고 설정된 대로 1단을 뜬다.

진동 만들기

줄임단: (겉면) 1코 안뜨기, 2코 모아 안뜨기하고 설정된 패턴대로 끝까지 뜬다. → 1코가 준다.

안면을 마주 보고 1단을 뜬다.

위의 2단을 4(8, 8, 12, 13, 17, 19)번 더 반복한다. → 32(32, 35, 35, 37, 37, 39)코가 남는다.

[줄임단 뜨기, 3단 그냥 뜨기]를 4(3, 4, 2, 2, 1, 1)번 반복한다. → 28(29, 31, 33, 35, 36, 38)코가 남는다.

진동이 16.5(18, 19, 19.5, 21, 21.5, 23)cm가 될 때까지 그냥 계속 뜨되 겉면 단을 뜬 다음 멈춘다.

모든 코를 스티치홀더나 다른 실로 옮겨 쉼코로 두되 실은 자르지 않고 그냥 둔다.

뒤판

쉼코로 둔 뒤판의 68(76, 80, 88, 94, 102, 110)코를 3.75mm 바늘에 옮기고 안면 쪽부터 뜰 수 있도록 실을 연결한다. 안면을 마주 보고 1단을 그냥 뜬다.

진동 만들기

줄임단: (겉면) 1코 안뜨기, 2코 모아 안뜨기, 마지막 3코 남을 때까지 뜨기, 안뜨기에서 오른코 줄이기, 1코 안뜨기. → 2코가 준다.

안면을 마주 보고 1단을 그냥 뜬다.

위의 2단을 4(8, 8, 12, 13, 17, 19)번 더 반복한다. → 58(58, 62, 62, 66, 66, 70)코가 남는다.

[줄임단 뜨기, 3단 그냥 뜨기]를 4(3, 4, 2, 2, 1, 1)번 반복한다. → 50(52, 54, 58, 62, 64, 68)코가 남는다.

진동이 16.5(18, 19, 19.5, 21, 21.5, 23)cm가 될 때까지 그냥 계속 뜨되 겉면 단을 뜬 다음 멈춘다.

왼쪽 어깨선 연결

뒤판 왼쪽 진동 옆의 9(9, 10, 12, 13, 14, 15)코는 3.75mm 줄바늘에 그대로 두고 나머지 41(43, 44, 46, 49, 50, 53)코는 스티치홀더나 다른 실에 옮겨 쉼코로 둔다. 왼쪽 앞판 진동 옆의 8(8, 9, 11, 12, 13, 14)코를 또 다른 3.75mm 바늘로 옮긴다. 서로 겉면이 맞닿도록 평행으로 포갠 뒤, 바늘 3개를 이용한 코막음* 방법으로 어깨선의 8(8, 9, 11, 12, 13, 14)코를 연결한다. 코막음이 끝나면 앞판에는 남은 코가 없고 뒤판에는 1코가 남는다. 남은 코는 뒤판 코들을 걸어놓은 스티치홀더로 옮긴다. → 왼쪽 앞판에는 20(21, 22, 22, 23, 23, 24)코가, 뒤판에는 42(44, 45, 47, 50, 51, 54)코가 남는다.

오른쪽 앞판

쉼코로 둔 앞판의 37(41, 44, 48, 51, 55, 59)코를 3.75mm 바늘에 옮기고 안면 단부터 뜰 수 있도록 실을 연결한다.

안면을 보고 1단을 그냥 뜬다.

진동 만들기

줄임단: (겉면) 마지막 3코가 남을 때까지 뜨고, 안뜨기에서 오른코 줄이기, 1코 안뜨기. → 1코가 준다.

안면을 보고 설정된 패턴대로 1단을 뜬다.

위의 2단을 4(8, 8, 12, 13, 17, 19)번 더 반복한다. → 32(32, 35, 35, 37, 37, 39)코가 남는다.

[줄임단 뜨기, 3단 그냥 뜨기]를 4(3, 4, 2, 2, 1, 1)번 반복한다. → 28(29, 31, 33, 35, 36, 38)코가 남는다.

진동이 16.5(18, 19, 19.5, 21, 21.5, 23)cm가 될 때까지 설정된 패턴대로 계속 뜨되 겉면 단을 뜬 다음 멈춘다.

오른쪽 어깨선 연결

오른쪽 앞판 진동 가장자리의 8(8, 9, 11, 12, 13, 14)코는 바늘에 남겨두고 나머지 20(21, 22, 22, 23, 23, 24)코는 스티치홀더나 다른 실에 옮겨둔다. 뒤판의 오른쪽 진동 가장자리 쪽 9(9, 10, 12, 13, 14, 15)코를 또 다른 3.75mm 바늘에 옮긴다. 서로 겉면이 맞닿도록 평행으로 포갠 뒤, 바늘 3개를 이용한 코막음으로 어깨선의 8(8, 9, 11, 12, 13, 14)코를 연결한다. 코막음이 끝나면 앞판에는 남은 코가 없고 뒤판에는 1코가 남는다. 남은 코는 뒤판 코들을 걸어놓은 스티치홀더로 옮긴다. → 양쪽 앞판에 각 20(21, 22, 22, 23, 23, 24)코씩, 뒤판에 34(36, 36, 36, 38, 38, 40)코가 남는다.

후드

쉼코로 두었던 앞판과 뒤판의 모든 코를 3.75mm 줄바늘에 옮긴다. → 총 74(78, 80, 80, 84, 84, 88)코. 왼쪽 앞판에 이어져 있는 실을 가지고 다음과 방법으로 계속 뜬다.

줄임단: (안면) 설정된 패턴대로 19(20, 21, 21, 22, 22, 23)코를 뜨고, 실을 편물 앞으로 둔 상태로 겉뜨기하듯이 1코 걸러뜨기한 다음, 코막음한 부분의 틈 사이에서 1코를 주워 왼쪽 바늘에 건다. 3코 모아 겉뜨기한 다음 이 코를 걸러뜨기했던 코로 덮어씌운다. 30(32, 32, 32, 34, 34, 36)코를 뜨고, 실을 편물 앞으로 둔 상태로 겉뜨기하듯이 1코 걸러뜨기, 실을 그대로 편물 앞에 둔 상태로 안뜨기하듯이 1코 걸러뜨기, 코막음한 부분의 틈 사이에서 1코를 주워 왼쪽 바늘 끝에 건다. 오른쪽 바늘 끝의 걸러뜨기한 1코를 왼쪽 바늘로 다시 옮겨 3코 모아 겉뜨기한 다음 이 코를 오른쪽 바늘 끝의 걸러뜨기한 코로 덮어씌운다. 나머지는 설정된 패턴대로 끝까지 뜬다. → 70(74, 76, 76, 80, 80, 84)코가 남는다.

편물이 줄임단부터 2.5cm가 될 때까지 계속 뜨되, 겉면 단까지 뜨고 멈춘다.

설정단: (안면) 설정된 패턴대로 26(27, 28, 28, 29, 29, 30)코를 뜨고, 콧수링을 걸고, 18(20, 20, 20, 22, 22, 24)코를 뜨고, 콧수링을 걸고, 끝까지 뜬다.

늘림단: (겉면) 콧수링 앞까지 뜨고, 안뜨기에서 1코 만들기 하고, 콧수링을 옮기고, 다음 콧수링 앞까지 뜨고, 콧수링을 옮기고, 안뜨기에서 1코 만들기 하고, 끝까지 뜬다. → 2코가 는다.

5단을 그냥 뜬다.

위의 6단을 12번 반복한다. → 96(100, 102, 102, 106, 106, 110)코가 된다.

콧수링을 뺀다. 후드가 어깨부터 33cm가 될 때까지 설정된 대로 계속 뜨되, 꽈배기 패널의 2단째까지 뜨고 멈춘다.

후드 꼭지 만들기

콧수링 2개를 가운데 8코의 양쪽에 하나씩 끼운다.

줄임단: (겉면) 설정된 패턴대로 첫 콧수링 앞까지 뜨고, 콧수링을 옮기고, 2코 모아 안뜨기하고, 다음 콧수링 앞 2코 남을 때까지 뜨고, 안뜨기에서 오른코 줄이기하고 콧수링을 옮기고 끝까지 뜬다. → 2코가 준다.

안면을 마주 보고 1단을 그냥 뜬다.

위의 2단을 3번 더 반복한다. → 88(92, 94, 94, 98, 98, 102)코가 남는다.

코들을 2개의 바늘에 절반씩 나눈다. 후드의 겉면이 서로 마주 닿도록 두 바늘을 포개고 바늘 3개를 이용한 코막음 방법으로 모든 코를 코막음한다.

마무리

앞단을 따라 주머니의 위치를 맞추어 핀 모양 단수링을 꽂아 고정한다. 양쪽 주머니의 높이를 똑같이 맞춘다.

오른쪽 앞단에 단춧구멍 만들 위치를 핀 모양 단수링 4개로 표시한다. 첫째 단수링은 주머니의 꼭대기 부분에 꽂고 나머지 3개는 위쪽으로 각 5cm 간격으로 꽂는다.

앞단

겉면을 마주 보고 3.5mm 줄바늘로 오른쪽 앞단의 아래쪽 가장자리부터 시작해서 왼쪽 앞단 아래쪽 가장자리까지 코가 고루 나뉘도록 하며 369(379, 384, 390, 395, 400, 408)코를 줍는다. 앞판과 주머니를 동시에 통과해 코를 주워야 하며, 대략 4단에 3코씩 줍는다. 겉뜨기를 3단 한다.

단춧구멍단: (겉면) ※단춧구멍을 표시한 콧수링 위치까지 겉뜨기하고, 한 단으로 완성하는 단춧구멍 만들기 방법*으로 단춧구멍을 만든다. ※표한 부분을 3번 더 반복한다. 끝까지 겉뜨기한다.

안면을 마주 보고 모든 코를 겉뜨기하듯이 코막음한다.

진동 둘레 정리

겉면을 마주 보고 3.5mm 40cm 줄바늘로 진동선을 따라 코가 고루 나뉘도록(대략 4단에 3코씩, 겨드랑이의 코막음한 부분은 1코에 1코씩) 74(80, 87, 89, 96, 99, 104)코를 줍는다. 콧수링을 끼워 시작 부분을 표시하고 원통뜨기를 하도록 양끝을 연결한다. 안뜨기로 1단을 뜨고, 겉뜨기로 1단을 뜬다.

모든 코를 안뜨기하듯이 코막음한다.

남은 실꼬리는 편물에 엮어 감추고, 치수에 맞게 블로킹*한다.

단춧구멍에 맞추어 왼쪽 앞단에 단추를 단다.

Half-Sleeve Cardigan
반팔 카디건

리넨사 두 겹으로 뜨는 이 기다란 튜닉형 카디건은 날씨가 따뜻할 때 우아하게 걸치기 좋다. 단순한 원피스에 입으면 여성스러운 레이스 무늬로 단아한 느낌을 더할 수 있고, 해변을 산책할 때 편하게 걸쳐 입기도 좋다. 아랫단부터 뜨기 시작해서 위로 가면서 바늘 굵기를 바꿔가며 몸판을 만든다. 소매와 목둘레선을 만들 때도 레이스 패턴을 그대로 유지할 수 있다. 다양한 스타일로 쉽게 연출할 수 있고, 게다가 만들기도 아주 쉽다!

완성 사이즈
가슴둘레 79.5(89, 98.5, 108, 117.5, 127, 136.5)cm
(단추를 채울 때 겹치는 2.5cm 포함)
견본 사이즈는 89cm

실
굵기: 합태사(Sportweight)
견본에 사용한 실: Louet 사의 Euroflax (리넨 100%, 246m/100g)
색상기호 #68 steel grey, 7(8, 8, 9, 10, 11, 12)볼

바늘
몸판과 소매: 6mm 80cm 줄바늘, 8mm 80cm 줄바늘
테두리: 4mm 40cm, 4mm 80cm 줄바늘
게이지가 정확히 맞지 않으면 바늘 굵기를 바꿔서 조정한다.

기타 준비물
꽈배기바늘, 스티치홀더 또는 다른 실, 콧수링,
지름 2.5cm 단추 5개

게이지
실 두 겹과 4mm 바늘로 무늬 차트를 떴을 때
20코(무늬 2번 반복) 28단(무늬 1번)=가로 9.5cm 세로 9cm
실 두 겹과 6mm 바늘로 무늬 차트를 떴을 때
20코(무늬 2번 반복) 28단(무늬 1번)=가로 11.5cm 세로 16cm
실 두 겹과 8mm 바늘로 무늬 차트를 떴을 때
20코(무늬 2번 반복) 28단(무늬 1번)=가로 14.5cm 세로 23cm
실 두 겹과 4mm 바늘로 가터뜨기를 했을 때
13코 9단=사방 10cm

몸판

4mm 바늘과 실 두 겹을 가지고 기본 코 만들기* 방법으로 162(182, 202, 222, 242, 262, 282)코를 만든다. 단면으로 겉뜨기를 2단 뜬다.

8mm 바늘로 바꾸어 레이스 차트의 1~28단을 뜨고, 1~14단까지만 1번 더 뜬다.

6mm 바늘로 바꾸어 레이스 차트의 15~28단을 뜨고, 1~28단을 1번 더 뜬다.

4mm 바늘로 바꾸어 레이스 차트의 1~13단을 뜬다. 편물이 시작 단부터 63cm 정도가 된다.

몸판과 소매 나누기

안면을 마주 보고 설정된 패턴대로 41(46, 51, 56, 61, 66, 71)코를 뜬 다음, 왼쪽 앞판에 해당하는 이 코들을 스티치홀더나 다른 실에 옮겨 쉼코로 두고, 뒤판에 해당하는 80(90, 100, 110, 120, 130, 140)코를 뜬 다음, 오른쪽 앞판에 해당하는 나머지 41(46, 51, 56, 61, 66, 71)코를 쉼코로 둔다. → 뒤판의 80(90, 100, 110, 120, 130, 140)코가 남는다.

뒤판

다음 2단에 걸쳐 시작 부분에서 꽈배기식 코 만들기* 방법으로 11(16, 11, 16, 11, 16, 21)코씩 만든다. → 102(122, 122, 142, 142, 162, 182)코가 된다.

설정된 패턴대로 40(40, 40, 54, 54, 54, 68)단을 더 뜬다. 안면에 해당하는 레이스 차트의 28(28, 28, 14, 14, 14, 28)단까지 뜨게 된다.

목둘레선 만들기

겉면을 마주 보고 32(42, 42, 52, 52, 62, 72)코를 뜨고, 새로 실 두 겹을 더 연결하여 그 실로 뒤판 가운데의 38코를 코막음한 다음 끝까지 뜬다. → 양쪽에 각 32(42, 42, 52, 52, 62, 72)코씩 남는다.

설정된 패턴을 유지하며 양쪽을 각각 따로 13(15, 15, 13, 15, 15, 13)단 뜬다. 레이스 차트의 14(16, 16, 28, 2, 2, 14)단까지 뜨게 된다. 코들을 스티치홀더에 옮겨 쉼코로 두고 실을 자른다.

왼쪽 앞판

쉼코로 둔 왼쪽 앞판의 41(46, 51, 56, 61, 66, 71)코를 4mm 바늘로 옮겨 겉면부터 뜰 준비를 한다.

다음 단: (겉면) 뒤판의 겉면을 마주 보고 편물의 아래쪽이 위로 향하게 들어, 소매의 코 만든 부분이 위쪽으로 가게 한다. 이 상태에서 소맷부리부터 뒤판의 소매선 코들을 따라 11(16, 11, 16, 11, 16, 21)코를 줍고(96쪽 박스 참고) 나머지는 패턴대로 뜬다.

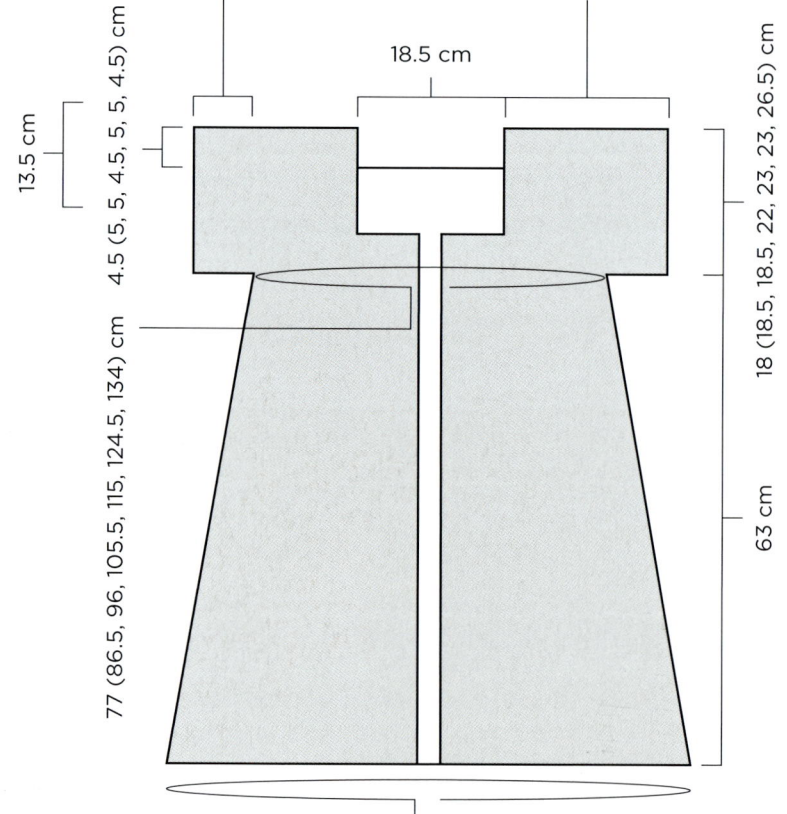

패턴을 유지하며 12(14, 14, 26, 28, 28, 40)단을 뜬다.
차트의 27(1, 1, 13, 15, 15, 27)단까지 뜨게 된다.

목둘레선 만들기

안면을 마주 보고 20코를 코막음하고 끝까지 뜬다. →
32(42, 42, 52, 52, 62, 72)코가 남는다.

패턴대로 42단을 더 뜬다. 차트의 14(16, 16, 28, 2, 2, 14)단까지 뜨게 된다.

레이스 차트

- • 겉면에서 겉뜨기, 안면에서 안뜨기
- □ 겉면에서 안뜨기, 안면에서 겉뜨기
- ○ 바늘비우기*
- / 2코 모아 겉뜨기*
- \ 오른코 모아뜨기*
- ⋀ 중심3코 모아뜨기*
- ⋈ 꽈배기바늘에 2코 걸어 앞으로 두고, 다음 2코 겉뜨기, 꽈배기바늘에 걸린 2코 겉뜨기
- ▨ 코 없음
- ▭ 반복 단위

**레이스 패턴을 뜨면서
코를 줄이거나 늘리지 않고
옷 모양 만들기**

허리선이나 진동, 목둘레선 등은 대체로 코를 늘리거나 줄임으로써 만드는데, 그럴 경우 정해진 콧수로 반복되는 레이스(또는 다른 무늬) 패턴에도 변화가 생길 수밖에 없다. 이 카디건은 코를 줄이는 것이 아니라 아랫단에서 굵은 바늘로 시작해서 점점 가는 바늘로 바꿔감으로써 A라인 형태를 만든다. 덕분에 하체를 감쌀 수 있는 충분한 너비를 확보하면서도 레이스 패턴을 망가뜨리지 않는다. 진동과 목둘레선 역시 레이스 패턴 전체를 포함하는 콧수로 코를 만들거나 코막음해서 만들기 때문에 옷 전체에서 패턴이 온전히 유지된다.

왼쪽 어깨선 연결

뒤판 왼쪽의 쉼코로 둔 32(42, 42, 52, 52, 62, 72)코를 빈 4mm 바늘로 옮긴다. 왼쪽 앞판과 뒤판의 겉면이 서로 마주 닿도록 두 바늘을 평행으로 잡고, 바늘 3개를 이용한 코막음* 방법으로 어깨선의 코들을 연결한다.

오른쪽 앞판

쉼코로 둔 오른쪽 앞판의 41(46, 51, 56, 61, 71)코를 4mm 바늘로 옮기고 안면부터 뜰 수 있도록 실 두 겹을 연결한다. 안면을 보고 설정된 패턴대로 1단을 뜬다.

다음 단: (겉면) 패턴대로 단의 끝까지 뜬 다음, 뒤판의 겉면을 마주 보고 편물의 아래쪽이 위로 향하게 들어 소매의 코 만든 부분이 위쪽으로 가게 한다. 이 상태에서 겨드랑이부터 뒤판의 소매선 코들을 따라 11(16, 11, 16, 11, 16, 21)코를 줍는다.
→ 총 52(62, 62, 72, 72, 82, 92)코가 된다.

패턴을 유지하며 13(15, 15, 27, 29, 29, 41)단을 뜬다. 차트의 28(2, 2, 14, 16, 16, 28)단까지 뜨게 된다.

목둘레선 만들기

겉면을 마주 보고 20코를 코막음하고 끝까지 뜬다.
→ 32(42, 42, 52, 52, 62, 72)코가 남는다.

패턴대로 41단을 더 뜬다. 차트의 14(16, 16, 28, 2, 2, 14)단까지 뜨게 된다.

오른쪽 어깨선 연결

뒤판 오른쪽의 쉼코로 둔 32(42, 42, 52, 52, 62, 72)코를 빈 4mm 바늘에 옮긴다. 앞판과 뒤판의 겉면이 서로 마주 닿도록 두 바늘을 평행으로 잡고, 바늘 3개를 이용해 모든 코를 연결한다.

마무리

남은 실들을 편물에 엮어 감추고, 치수에 맞게 블로킹*한다.

소맷부리

4mm 40cm 줄바늘과 실 두 겹으로 겉면을 마주 본 상태에서 소매 가장자리를 따라 코가 고루 나뉘도록 하며 52(54, 54, 66, 68, 68, 78)코를 줍는다. 콧수링을 끼우고 양 끝을 연결해 원통뜨기로 [안뜨기 1단, 겉뜨기 1단]을 4번 반복한다. → 겉면에서 볼 때 4개의 이랑이 생긴다. 모든 코를 안뜨기방향으로 코막음한다.

목둘레단

4mm 80cm 줄바늘과 실 두 겹으로 겉면을 마주 본 상태에서 오른쪽 목선 가장자리에서 시작해서 앞판 목선의 코막음한 부분을 따라 15코를 줍고, 콧수링을 끼우고, 오른쪽 목둘레를 따라 26코를 줍고, 콧수링을 끼우고, 뒤판의 코막음한 목선을 따라 28코를 줍고, 콧수링을 끼우고, 왼쪽 목둘레를 따라 26코를 줍고, 콧수링을 끼우고, 왼쪽 목선의 코막음한 부분을 따라 15코를 줍는다. → 총 110코가 된다.

안면을 보고 안뜨기로 1단을 뜬다.

줄임단: (겉면) ※콧수링 앞에 2코 남을 때까지 겉뜨기, 2코 모아 겉뜨기, 콧수링 옮기기, 오른코 모아뜨기* ※표한 부분 3번 반복하고 끝까지 겉뜨기한다. → 8코가 준다.

위의 2단을 3번 더 반복한다. → 78코가 남는다.

모든 코를 겉뜨기하듯이 코막음한다.

단추 앞단

4mm 80cm 줄바늘과 실 두 겹을 가지고 겉면을 마주 본 채, 왼쪽 앞판의 목선 끝에서 시작해서 앞단을 따라 코가 고루 나뉘도록 하며 85(86, 86, 91, 92, 92, 97)코를 줍는다. 겉뜨기로 8단을 뜬다. 겉면 단까지 뜨게 된다. 겉면에서 보면 4개의 이랑이 생긴다. 모든 코를 겉뜨기하듯이 코막음한다.

단춧구멍 앞단

4mm 80cm 줄바늘과 실 두 겹을 가지고 겉면을 마주 본 채, 오른쪽 앞판 아랫단에서 시작해서 앞단을 따라 코가 고루 나뉘도록 하며 85(86, 86, 91, 92, 92, 97)코를 줍는다. 겉뜨기로 3단을 뜬다. 안면 단까지 뜨게 된다.

단춧구멍 단: (겉면) 22(23, 23, 24, 25, 25, 26)코 겉뜨기하고, 3코 코막음한다. ※11(11, 11, 12, 12, 12, 13)코 겉뜨기, 3코 코막음. ※표한 부분 3번 더 반복하고 끝까지 4코 겉뜨기한다. → 단춧구멍이 5개 만들어진다.

다음 단: (안면) ※코막음한 부분이 나올 때까지 겉뜨기하고, 꽈배기식 코 만들기 방법으로 3코를 만든다. ※표한 부분을 4번 더 반복하고 끝까지 겉뜨기한다.

가터뜨기로 3단을 더 뜨고 모든 코를 겉뜨기하듯이 코막음한다.

단춧구멍 위치에 맞추어 단추 앞단에 단추를 단다.

Strappy Top
끈이 달린 탑

이 옷은 나처럼 멍석뜨기를 좋아하는 사람들을 위해 디자인했는데, 가볍게 하나만 입어도 좋고 블라우스에 받쳐 입어도 좋으며, 치마에도 바지에도 잘 어울린다. 목에서 시작해 탑다운 방식으로 뜨면서 목 뒷부분의 앙증맞은 단추 장식, 요크를 따라 내려오는 걸러뜨기로 만든 무늬, 졸라매는 허리끈 등 섬세한 디테일들을 더해나간다. 리넨과 메리노 울이 혼합된 가느다란 실로 뜬 이 캡소매 스웨터는 뜰 때도 입을 때도 기분 좋은 옷이다.

완성 사이즈
가슴둘레 78(87.5, 98, 107.5, 117.5, 127.5, 137)cm
견본 사이즈는 87.5cm

실
굵기: 합태사(Sportweight)
견본에 사용한 실: Louet 사의 MerLin(리넨 60%, 메리노 40%, 228m/100g) 색상기호 #67 sea foam green 3(4, 4, 5, 5, 6, 6)볼

바늘
몸판과 소매: 2.25mm: 40cm 줄바늘, 80cm 줄바늘, 양끝이 뾰족한 막대바늘 4~5개
허리끈: 2mm 양끝이 뾰족한 막대바늘 2개
게이지가 정확히 맞지 않으면 바늘 굵기를 바꿔서 조정한다.

기타 준비물
콧수링, 스티치홀더나 다른 실, 돗바늘, 지름 1.3cm 단추 1개

게이지
2.25mm 바늘을 써서 원통뜨기로 멍석뜨기했을 때 24코 46단=사방 10cm

2.25mm 바늘을 써서 원통뜨기로 걸러뜨며 멍석뜨기했을 때 25코 52단=사방 10cm

뜨개 가이드

단면으로 뜨는 멍석뜨기 (콧수: 2의 배수)

1단: (안면) ※1코 안뜨기, 1코 겉뜨기, ※표한 부분 반복

2단: (겉면) ※겉1, 안1, ※표한 부분 반복

1단과 2단을 반복하여 패턴을 만든다.

원통으로 뜨는 멍석뜨기 (콧수: 2의 배수+1)

1단: 겉1, ※안1, 겉1, ※표한 부분 반복

2단: 안1, ※겉1, 안1, ※표한 부분 반복

1단과 2단을 반복하여 패턴을 만든다.

걸러뜨며 멍석뜨기: (콧수: 6의 배수+5)

1단: 안1, 겉1, 실을 편물 뒤에 둔 채 안뜨기방향으로 걸러뜨기, 겉1, 안1, ※겉1, 안1, 겉1, 실을 편물 뒤에 둔 채 안뜨기방향으로 걸러뜨기, 겉1, 안1 ※표한 부분 반복

2단: 겉1, 안1, 실을 편물 뒤에 둔 채 안뜨기방향으로 걸러뜨기, 안1, 겉1, ※안1, 겉1, 안1, 실을 편물 뒤에 둔 채 안뜨기방향으로 걸러뜨기, 안1, 겉1, ※표한 부분 반복

3단: 안1, 겉1, 바늘에 실을 두 번 감으며 겉뜨기 1코, 겉1, 안1, ※겉1, 안1, 겉1, 바늘에 실을 두 번 감으며 겉뜨기 1코, 겉1, 안1. ※표한 부분 반복

4단: 2단을 반복하며 두 번 감긴 실 풀어내기

1~4단을 반복하여 패턴을 만든다.

요크

2.25mm 40cm 줄바늘을 가지고 기본 코 만들기* 방법으로 92(100,0 108, 116, 124, 132, 140)코를 만든다. 양끝은 연결하지 않고 단면으로 뜬다.

멍석뜨기(뜨개 가이드)로 2단을 뜬다.

단추고리 단: (안면) 겉뜨기식 코 만들기* 방법으로 1코를 만들고, [1코 만들기, 1코 코막음]을 8번 반복하고, 2코 모아 겉뜨기하고, 끝까지 멍석뜨기를 계속한다. → 92(100, 108, 116, 124, 132, 140)코.

멍석뜨기로 7단을 뜬다. 겉면 단까지 뜨게 된다.
편물을 돌리지 않는다.

연결단: 겉면을 마주 보고 바늘에 걸린 코들을 늘여서 벌린 다음 코들이 꼬이지 않게 조심하면서 다음과 같이 원형으로 연결한다. 첫 코를 실을 뒤로 둔 채로 걸러뜨기하고, 마지막 1코가 남을 때까지 멍석뜨기하고, 마지막 코와 걸러뜨기한 첫 코를 2코 모아 겉뜨기한 다음 콧수링을 끼워 시작 부분을 표시한다. → 91(99, 107, 115, 123, 131, 139)코가 남는다.

늘림단 1: 1코에서 (1코 안뜨기, 바늘에 실 2번 감기, 1코 안뜨기)를 한다. ※1코 겉뜨기, 다음 코에서 (안1, 실 2번 감기, 안1). ※표한 부분을 반복한다. → 2번 감은 실을 1코로 치고 183(199, 215, 231, 247, 263, 279)코가 된다.

주의

이 옷은 위에서 아래로 뜬다.

콧수를 셀 때 두 번 감은 실은 1코로 친다.

걸러뜨며 멍석뜨기 패턴을 다음과 같이 설정한다.

1단: 겉1, 실을 뒤로 둔 채 안뜨기방향으로 걸러뜨기하면서 2번 감긴 실을 1코로 길게 풀고, 겉1, ※안1, 겉1, 실을 뒤로 둔 채 안뜨기방향 걸러뜨기하면서 2번 감긴 실 길게 풀기, 겉1. ※표한 부분 반복

2단: 안1, 실 뒤로 둔 채 안뜨기방향 걸러뜨기, 안1, ※겉1, 안1, 실 뒤로 둔 채 안뜨기방향 걸러뜨기, 안1, ※표한 부분 반복

3단: 겉1, 실 뒤로 둔 채 안뜨기방향 걸러뜨기, 겉1, ※안1, 겉1, 실 뒤로 둔 채 안뜨기방향 걸러뜨기, 겉1, ※표한 부분 반복

4단: 안1, 바늘에 실을 2번 감으며 겉뜨기 1, 안1, ※겉1, 안1, 바늘에 실을 2번 감으며 겉뜨기 1, 안1, ※표한 부분 반복

위의 1~4단을 7(7, 8, 8, 9, 9, 10)번 더 반복한 다음, 1~3단까지 1번 더 반복한다. 편물 길이가 시작 단부터 9.5(9.5, 10, 10, 11, 11, 11.5)cm가 된다.

늘림단 2: 안1, 바늘비우기, 바늘에 실을 2번 감으며 겉뜨기 1, 바늘비우기, 안1, ※겉1, 안1, 바늘비우기, 실 2번 감아 겉뜨기, 바늘비우기, 안1, ※표한 부분 반복. → 275(299, 323, 347, 371, 395, 419)코가 된다.

다음 단: 겉1, 안뜨기로 꼬아뜨기* 1, 실 뒤로 둔 채 안뜨기방향 걸러뜨기하며 2번 감긴 실 풀기, 안뜨기로 꼬아뜨기 1, 겉1, ※안1, 겉1, 안뜨기로 꼬아뜨기 1, 실 뒤로 둔 채 안뜨기하듯이 걸러뜨기하며 2번 감긴 실 풀기, 안뜨기로 꼬아뜨기 1, 겉1. ※표한 부분 반복

걸러뜨며 멍석뜨기의 1~4단을 12(13, 13, 14, 14, 15, 15)번 반복하고, 1단과 2단만 1번 더 뜬다.

소매와 몸판 나눠 진동 만들기

설정된 패턴대로 오른쪽 뒤판에 해당하는 41(46, 51, 55, 59, 63, 67)코를 뜨고, 오른쪽 소매에 해당하는 다음 56(58, 60, 64, 68, 72, 76)코를 스티치홀더나 다른 실에 옮겨 쉼코로 둔다. 안면 쪽이 마주 보이도록 편물을 돌리고 꽈배기식 코 만들기* 방법으로 14(16, 18, 22, 26, 30, 34)코를 만들고 다시 편물을 돌려 겉면을 마주 보고 앞판에 해당하는 81(91, 101, 109, 117, 125, 133)코 뜨고, 왼쪽 소매에 해당하는 다음 56(58, 60, 64, 68, 72, 76)코를 쉼코로 두고, 편물을 돌려 꽈배기식 코 만들기 방법으로 14(16, 18, 22, 26, 30, 34)코를 만들고, 다시 편물을 돌려 왼쪽 뒤판에 해당하는 나머지 41(46, 51, 55, 59, 63, 67)코를 뜬다.
→ 뒤판 양쪽에 각 41(46, 51, 55, 59, 63, 67)코씩, 앞판에 81(91, 101, 109, 117, 125, 133)코, 양쪽 겨드랑이에 각 14(16, 18, 22, 26, 30, 34)코씩 총 191(215, 239, 263, 287, 311, 335)코가 남는다.

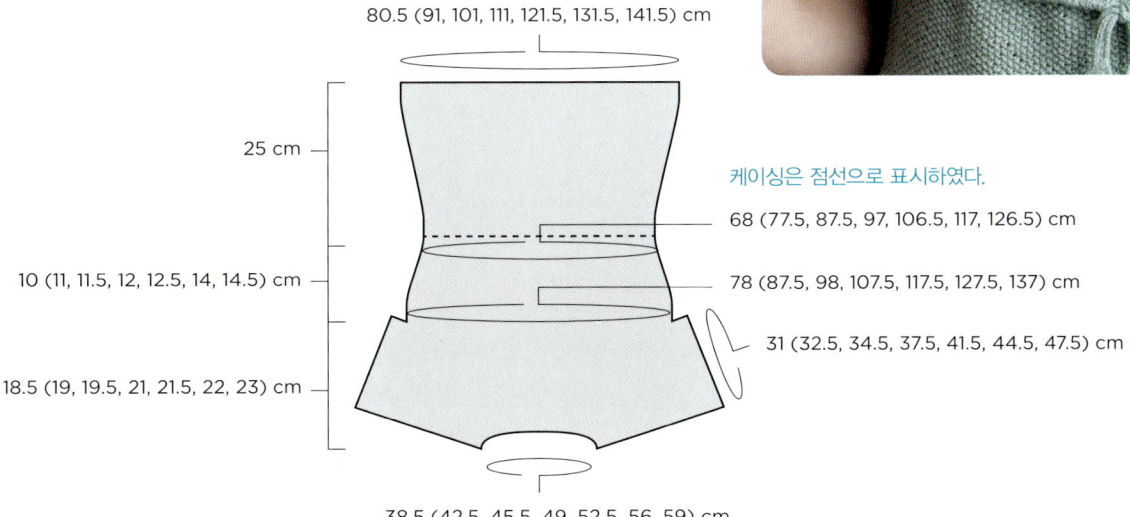

케이싱은 점선으로 표시하였다.

몸판

앞판과 뒤판의 코들은 설정된 패턴대로, 겨드랑이 부분은 멍석뜨기로 뜨면서 10(10, 14, 14, 18, 18, 22)단을 뜬다. 패턴의 2단까지 뜨게 된다.

허리선 만들기

주의: 걸러뜨며 멍석뜨기 패턴에서 마지막으로 걸러뜬 코와 가장 가까운 멍석뜨기 2코에서 코를 줄인다.

줄임단: ※겨드랑이의 멍석뜨기 앞 마지막 걸러뜨기한 코가 나올 때까지 패턴의 3단을 뜬다. 그 걸러뜨기한 코를 실 2번 감아 겉뜨기하고, 2코 모아 겉뜨기한 다음, 다음 걸러뜨기 코 앞에 2코가 남을 때까지 멍석뜨기를 하고, 오른코 모아뜨기*를 한다. ※표한 부분 반복하고 설정된 패턴대로 끝까지 뜬다. 4코가 준다.

설정된 패턴대로 7단을 뜬다.

위의 8단을 2(3, 3, 4, 4, 5, 5)번 더 반복한다. → 179(199, 223, 243, 267, 287, 311)코가 남는다.

사이즈에 따라 다음과 같이 계속 뜬다.

사이즈 78(87.5, 98, 107.5, 117.5)cm

[줄임단 뜨고 3단 그냥 뜨기]를 2(1, 1, 0, 0)번 반복한다. → 167(191, 215, 239, 263)코가 남는다.

모든 사이즈

4단 그냥 뜨기, 안뜨기로 1단 뜨기. → 편물 길이가 겨드랑이 코 만든 부분부터 10(11, 11.5, 12, 12.5, 14, 14.5)cm가 된다.

허리끈 케이싱

겉뜨기로 2단을 뜬다.

허리끈 구멍 만들기: 바늘에 실을 2번 감고, 2코 모아 겉뜨기하고 끝까지 겉뜨기한다.

다음 단: 2번 감은 실을 길게 풀어내며 겉뜨기, 끝까지 겉뜨기.

다음 단: 바늘에 걸린 코의 아랫단 코에 바늘을 넣어 겉뜨기 1코, 끝까지 겉뜨기.

겉뜨기로 1단을 뜬다.

연결단: (박스 참고) ※왼쪽 바늘 끝으로 6단 아래의 안면 쪽 코를 끌어올려 바늘에 걸려 있는 다음 코와 함께 2코 모아 겉뜨기한다. ※표한 부분을 반복한다.

안뜨기로 1단을 뜬다.

설정단: 79(91, 103, 115, 127, 139, 151)코 멍석뜨기, 콧수링 끼우기, 실을 2번 감으며 겉뜨기 1, 7코 안뜨기, 실을 2번 감으며 겉뜨기 1, 콧수링 끼우기, 남은 79(91, 103, 115, 127, 139, 151)코 멍석뜨기.

다음 단: 콧수링 앞까지 멍석뜨기, 콧수링 옮기기, 실 뒤로 둔 채 안뜨기방향으로 걸러뜨기하며 2번 감긴 실 풀기, 다음 콧수링 앞 1코 남을 때까지 안뜨기, 실 뒤로 둔 채 안뜨기방향 걸러뜨기하며 2번 감긴 실 풀기, 콧수링 옮기기, 끝까지 멍석뜨기.

설정된 대로 2단을 더 뜬다.

아랫단 만들기

1단: (늘림단) 콧수링 앞까지 멍석뜨기, 콧수링 옮기기, 실 2번 감아 1코 겉뜨기, 안뜨기에서 1코 만들기*, 다음 콧수링 앞 1코 남을 때까지 안뜨기,

---

케이싱 연결하기

이 스웨터의 허리선에는 메리야스뜨기 6단으로 허리끈을 끼울 작은 케이싱을 만든다. 메리야스뜨기 6단을 뜬 다음 단에서, 바늘에 걸려 있는 코들을 6단 아래 안면의 코들을 끌어올려 2코씩 모아 뜸으로써 튜브 형태로 연결한다.

연결단: ※메리야스뜨기한 부분을 안면이 보이도록 뒤집은 상태에서 왼쪽 바늘 끝으로 현재 걸린 코의 6단 아래 코(그림 1)를 끌어올려 2코 모아 겉뜨기하여(그림 2) 연결한다. ※표한 부분을 반복한다.

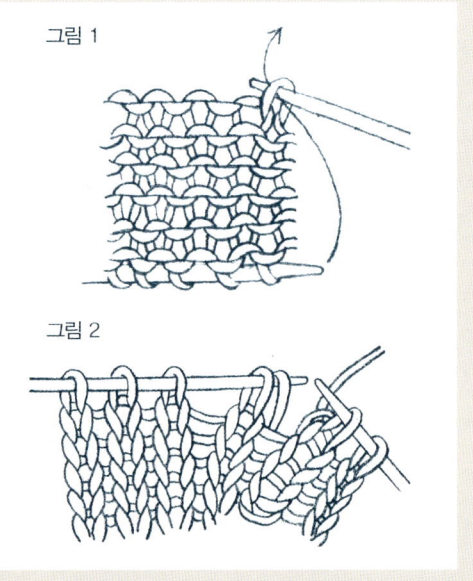

그림 1

그림 2

안뜨기에서 1코 만들기, 실 2번 감아 1코 겉뜨기, 콧수링 옮기기, 끝까지 멍석뜨기. → 2코가 는다.

2단: 콧수링 앞까지 멍석뜨기, 콧수링 옮기기, 실 뒤로 둔 채 안뜨기방향 걸러뜨기하며 2번 감긴 실 풀기, 다음 콧수링 앞 1코 남을 때까지 안뜨기, 실 뒤로 둔 채 안뜨기방향 걸러뜨기하며 2번 감긴 실 풀기, 콧수링 옮기기, 끝까지 멍석뜨기.

3단과 4단: 콧수링 앞까지 멍석뜨기, 콧수링 옮기기, 실 뒤로 둔 채 안뜨기방향 1코 걸러뜨기, 다음 콧수링 앞 1코 남을 때까지 안뜨기, 실 뒤로 둔 채 안뜨기방향 걸러뜨기, 콧수링 옮기기, 끝까지 멍석뜨기.

5단: 콧수링 앞까지 멍석뜨기, 콧수링 옮기기, 실 2번 감아 1코 겉뜨기, 다음 콧수링 앞 1코 남을 때까지 안뜨기, 실 2번 감아 1코 겉뜨기, 콧수링 옮기기, 끝까지 멍석뜨기.

6~12단: 2~5단까지 1번 더 뜨고, 2~4단까지 1번 더 뜬다.

위의 1~12단을 2번 더 반복한다. → 173(197, 221, 245, 269, 293, 317)코가 된다.

다음 단: (늘림단) 20(22, 24, 28, 30, 34, 36)코 멍석뜨기, 1코에서 (겉1, 바늘비우기, 겉1), 콧수링 앞까지 멍석뜨기, 콧수링 옮기기, 실 2번 감아 겉뜨기, 안뜨기에서 1코 만들기, 다음 콧수링 앞 1코 남을 때까지 안뜨기, 안뜨기에서 1코 만들기, 실 2번 감아 1코 겉뜨기, 콧수링 옮기기, 마지막 21(23, 25, 29, 31, 35, 37)코가 남을 때까지 멍석뜨기, 1코에서 (겉1, 바늘비우기, 겉1), 끝까지 멍석뜨기. → 179(203, 227, 251, 275, 299, 323)코가 된다.

2~12단까지 1번 더 반복하고, 1~12단까지 3번 더 반복한다. → 185(209, 233, 257, 281, 305, 329)코가 된다.

다음 단: (늘림단) 22(24, 26, 30, 32, 36, 38)코 멍석뜨기, 1코에서 (겉1, 바늘비우기, 겉1), 콧수링 앞까지 멍석뜨기, 콧수링 옮기기, 실 2번 감아 1코 겉뜨기, 안뜨기에서 1코 만들기, 콧수링 앞 1코 남을 때까지 안뜨기, 안뜨기에서 1코 만들기, 실 2번 감아 겉뜨기, 콧수링 옮기기, 마지막 23(25, 27, 31, 33, 37, 39)코가 남을 때까지 멍석뜨기, 1코에서 (겉1, 바늘비우기, 겉1), 끝까지 멍석뜨기. → 191(215, 239, 263, 287, 311, 335)코가 된다.

2~12단까지 1번 반복.

멍석뜨기로 11단을 뜨고, 모든 코를 패턴대로 코막음한다.

소매

쉼코로 둔 소매코 56(58, 60, 64, 68, 72, 76)코를 2.25mm 막대바늘에 나눠 옮기고, 겉면을 마주 보고 실을 연결한 다음 겨드랑이 코를 따라 18(20, 22, 26, 30, 34, 38)코를 줍는다. → 총 74(78, 82, 90, 98, 106, 114)코가 된다. 콧수링을 끼우고 원통뜨기를 할 수 있도록 양끝을 연결한다.

줄임단: 마지막 2코 남을 때까지 멍석뜨기, 멍석뜨기 패턴에 맞추어 2코 모아 겉뜨기 또는 2코 모아 안뜨기. → 73(77, 81, 89, 97, 105, 1130코가 된다.

멍석뜨기로 7단을 뜨고 패턴대로 느슨하게 모든 코를 코막음한다.

마무리

남은 실을 편물에 엮어 넣어 감추고, 치수에 맞게 블로킹*한다.

허리끈

2mm 막대바늘에 2코를 만드는데, 케이싱에 끼울 때 쉽게 당길 수 있도록 실 꼬리를 10cm 가량 남겨둔다. 2코로 길이가 150(160, 170, 180, 190, 200, 210)cm가 될 때까지 아이코드*를 만든다.

다음 단: 2코 모아 겉뜨기

실을 자르고 실 꼬리를 남은 코로 통과시켜 고정한다.

시작코를 만들었던 부분의 긴 실꼬리를 돗바늘에 끼우고 바늘 눈에서 일정한 거리를 두고 매듭을 짓는다. 이때 바늘 눈과 매듭의 거리는, 허리끈을 케이싱에 다 끼운 다음에 남은 실꼬리를 허리끈 속에 엮어 감추기 충분한 정도여야 한다. 돗바늘을 먼저 케이싱에 통과시키며 허리끈을 조심스럽게 케이싱에 끼운다. 남은 실꼬리를 엮어 넣고, 허리끈을 리본모양으로 예쁘게 묶는다.

돗바늘에 실을 끼워 단추고리 반대편에 단추를 단다.

V-neck Knit
브이넥 니트

이 풀오버 스웨터는 칼라의 바깥 테두리부터 코를 잡아 뜨기 시작하고, 사선 되돌아뜨기를 이용해 고무단 칼라와 V넥 모양을 만들고, 요크를 따라 코를 늘려가며 래글런 소매 모양을 만든다. 몸판과 소매는 원통뜨기로 아랫단까지 완성해 내려간다. 어디서나 편히 입을 수 있는 경쾌한 스웨터이며, 살짝 들어간 허리선과 긴 고무단으로 멋을 더했다.

완성 사이즈
가슴둘레 약 85(92.5, 103, 110.5, 120.5, 128.5, 137)cm
견본 사이즈는 92.5cm

실
굵기: 병태사(Worsted weight, DK)
견본에 사용한 실: Fibre Company 사의 Organik(유기농 메리노 70%, 알파카 15%, 실크 15%, 89m/50g), 색상기호 coral reef, 10(11, 12, 13, 14, 15, 16)볼

바늘
5mm 40cm와 80cm 줄바늘, 양끝이 뾰족한 막대바늘 4~5개
게이지가 정확히 맞지 않으면 바늘 굵기를 바꿔서 조정한다.

기타 준비물
콧수링, 스티치홀더나 다른 실, 돗바늘.

게이지
단면뜨기 또는 원통뜨기로 메리야스뜨기를 했을 때 16코 25단=사방 10cm

몸판

80cm 줄바늘을 가지고 기본 코 만들기* 방법으로 182(189, 196, 203, 210, 217, 224)코를 만든다. 양끝은 연결하지 않고 단면으로 뜬다.

칼라

1단: (겉면) 안뜨기

2단: (안면) [1코 겉뜨기, 1코 만들기*]를 2번 하고, 마지막 2코 남을 때까지 겉뜨기, [1코 만들기, 겉1]을 2번 한다. → 186(193, 200, 207, 214, 221, 228)코가 된다.

3단: (겉면) 2단 반복. 끝까지 뜬 뒤 편물을 돌리지 않는다. → 190(197, 204, 211, 218, 225, 232)코가 된다.

겉면을 마주 본 상태에서 다음과 같은 방법으로 원통뜨기하도록 양끝을 연결한다. 코들을 바늘을 따라 넓게 펼치고 코가 꼬이지 않도록 조심하면서 왼쪽 바늘 끝의 첫 코를 오른쪽 바늘로 옮기고 뒤쪽에 있던 실을 두 바늘 사이를 지나 편물 앞으로 옮긴 다음 오른쪽 바늘의 1코를 다시 왼쪽 바늘로 옮긴다. 편물을 돌리고 콧수링을 끼워 단의 시작 부분을 표시한다.

고무단과 사선 되돌아뜨기* 패턴을 다음과 같이 설정한다. 긴 줄바늘에 코들이 편안하게 펼쳐지지 않게 되면 짧은 줄바늘로 옮긴다.

사선 되돌아뜨기 1: (안면) 안3, 겉2, ※안5, 겉2, 마지막 3코 남을 때까지 ※표한 부분 반복, 안1, 다음 코 에워싸기, 편물 돌리기

사선 되돌아뜨기 2: (겉면) 겉1, 안2, ※오른코 모아뜨기, 겉1, 2코 모아 겉뜨기, 안2, 3코 남을 때까지 ※표한 부분 반복, 겉1, 다음 코 에워싸기, 편물 돌리기. → 138(143, 148, 153, 158, 163, 168)코가 남는다.

사선 되돌아뜨기 3단: 안1, 겉2, ※안3, 겉2, 에워싼 코 앞 1코 남을 때까지 ※표한 부분 반복, 다음 코 에워싸기, 편물 돌리기

사선 되돌아뜨기 4단: 안2, 1코 걸러뜨기, 2코 모아 겉뜨기, 걸러뜬 코로 모아뜬 코 덮어씌우기, 에워싼 코 앞에 6코 남을 때까지 패턴대로 고무뜨기, 1코 걸러뜨기, 2코 모아 겉뜨기, 걸러뜬 코로 모아뜬 코 덮어씌우기, 안2, 다음 코 에워싸기, 편물 돌리기. → 134(139, 144, 149, 154, 159, 164)코가 남는다.

사선 되돌아뜨기 5단: 에워싼 코 앞 3코 남을 때까지 고무뜨기, 다음 코 에워싸기, 편물 돌리기.

가운데 12(17, 22, 27, 22, 27, 22)코의 양쪽에 각각 콧수링을 끼운다.

사선 되돌아뜨기 6단: 안2, 1코 걸러뜨기, 2코 모아 겉뜨기, 걸러뜬 코로 모아뜬 코 덮어씌우기, 콧수링 앞 2코 남을 때까지 고무뜨기, 겉뜨기 코이면 오른코 모아뜨기* 또는 안뜨기 코이면 안뜨기에서 오른코 줄이기*, 콧수링 옮기기, 안2, ※겉3, 안2. 다음 콧수링 앞까지 ※표한 부분 반복, 콧수링 옮기기, 코 모양에 따라 2코 모아 겉뜨기 또는 2코 모아 안뜨기, 에워싼 코 앞에 8코가 남을 때까지 고무뜨기, 1코 걸러뜨기, 2코 모아 겉뜨기, 걸러뜬 코로 모아뜬 코 덮어씌우기, 안2, 다음 코 에워싸기, 편물 돌리기. → 6코가 준다.

사선 되돌아뜨기 7단: 에워싼 코 앞 3코 남을 때까지 고무뜨기, 다음 코 에워싸기, 편물 돌리기

원통뜨기에서 코막음하기

원통뜨기를 할 때 코막음을 하면 코막음한 첫 코와 마지막 코 사이에 틈이 벌어지게 마련이다. 이 틈이 안 생기게 하려면, 코막음을 하다가 오른쪽 바늘에 마지막 1코가 남았을 때 첫 번째 코막음한 코에서 1코를 주운(그림 1) 다음 마지막 코로 이 주운 코를 덮어씌워 코막음한다(그림 2). 실을 자르고 남은 실꼬리는 당겨 빼준다.

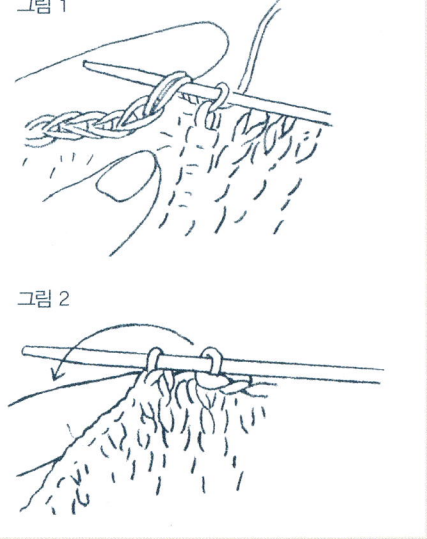

그림 1

그림 2

사선 되돌아뜨기 8단: 안2, 1코 걸러뜨기, 2코 모아 겉뜨기, 걸러뜬 코로 모아뜬 코 덮어씌우기, 에워싼 코 앞 8코 남을 때까지 고무뜨기, 1코 걸러뜨기, 2코 모아 겉뜨기, 걸러뜬 코로 모아뜬 코 덮어씌우기, 안2, 다음 코 에워싸기, 편물 돌리기. → 4코가 준다.

사선 되돌아뜨기 9단: 에워싼 코 앞 3코 남을 때까지 고무뜨기, 다음 코 에워싸기, 편물 돌리기

사선 되돌아뜨기 6~9를 4번 더 반복한다. → 84(89, 94, 99, 104, 109, 114)코가 남는다.

사이즈에 따라 다음과 같이 계속 뜬다.

사이즈 120.5(128.5, 137)cm

사선 되돌아뜨기 8~9 1(1, 2)번 더 반복. → 100(105, 106)코가 남는다.

모든 사이즈

다음 단: 안2, [1코 걸러뜨기, 2코 모아 겉뜨기, 걸러뜬 코로 모아뜬 코 덮어씌우기, 안2]를 2(3, 4, 5, 4, 5, 4)번 반복, 다음 코 에워싸기, 편물 돌리기 → 80(83, 86, 89, 92, 95, 98)코가 남는다.

콧수링을 빼고 실을 자른다. 바늘의 양끝이 단 시작 부분으로 오도록 코들을 걸러뜨기하여 옮긴다.

겉면을 마주 보고 실을 다시 연결하여, 에워싼 코들이 나타나면 감춰가며* 다음과 같이 뜬다.

주의: 칼라선이 안정적으로 유지되도록 일단 뒷목선의 코들을 코막음한 다음에 다시 코를 줍는다.

16(17, 18, 19, 20, 21, 22)코 겉뜨기, 콧수링 끼우기, 8(8, 7, 7, 6, 6, 6)코 겉뜨기, 콧수링 끼우기, 32(33, 36, 37, 40, 41, 42)코 코막음, 오른쪽 바늘의 마지막 코를 왼쪽 바늘로 옮기고 실을 자른다. 코막음한 첫 코 자리에 실을 다시 연결하여 코막음한 선을 따라 코가 고루 나뉘도록 32(33, 36, 37, 40, 41, 42)코를 줍는다. 콧수링 끼우기, 실을 편물 뒤로 한 채 안뜨기하듯이 1코 걸러뜨기, 7(7, 6, 6, 5, 5, 5)코 겉뜨기, 콧수링 끼우기, 16(17, 18, 19, 20, 21, 22)코 겉뜨기, 단의 시작코를 에워싸기, 편물 돌리기.

요크

주의: 칼라의 겉면이 요크의 안면으로 이어진다. 래글런 소매 모양을 만드는 도중에 목선 만들기가 시작되므로, 먼저 다음 부분을 다 읽어본 후 계속 진행한다.

사선 되돌아뜨기 다음단: (겉면) 마지막 콧수링 앞까지 겉뜨기, 콧수링 옮기기, 겉2, 다음 코 에워싸기, 편물 돌리기

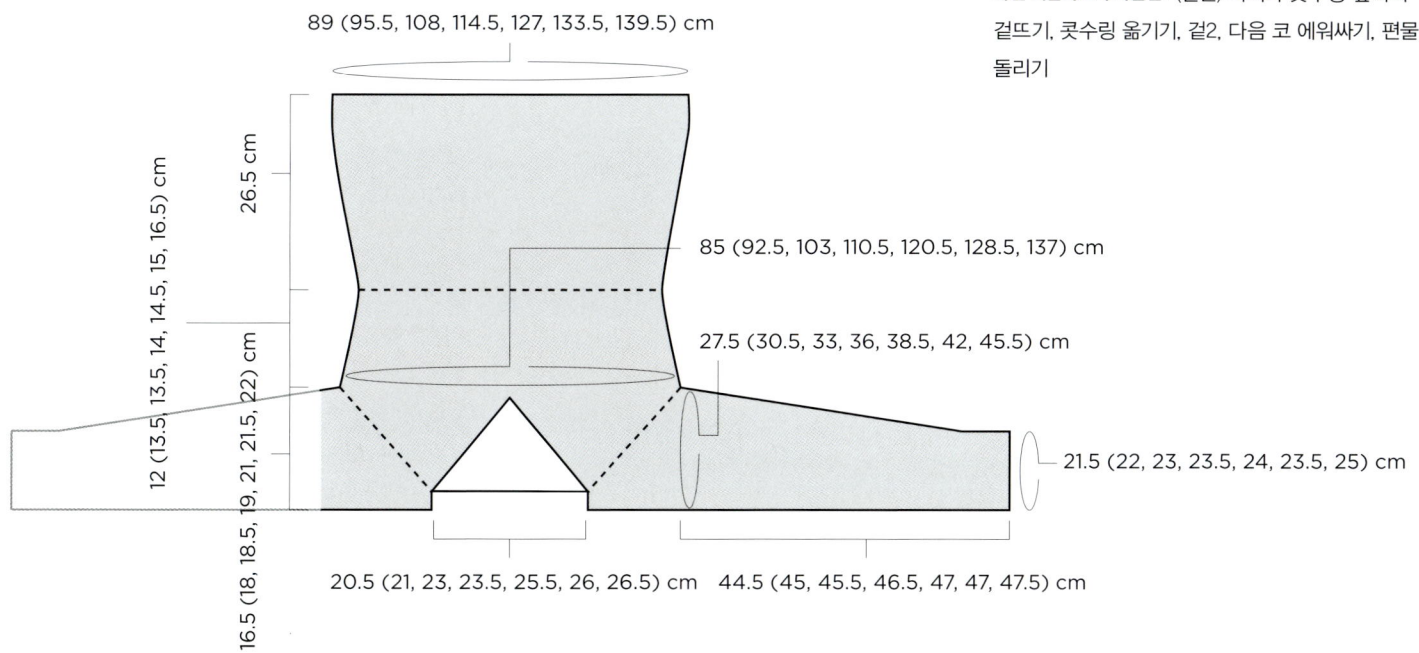

사선 되돌아뜨기 다음단: 마지막 콧수링 앞까지 안뜨기, 콧수링 옮기기, 안2, 다음 코 에워싸기, 편물 돌리기

늘림단: (겉면) ※콧수링 앞 1코 남을 때까지 겉뜨기, 오른쪽 기울임 1코 만들기*, 겉1, 콧수링 옮기기, 겉1, 왼쪽 기울임 1코 만들기*. ※표한 부분 3번 더 반복. 에워싼 코 앞까지 겉뜨기, 에워싼 실과 에워싸인 코 함께 겉뜨기, 다음 코 에워싸기, 편물 돌리기 → 88(91, 94, 97, 100, 103, 106)코가 된다.

사이즈에 따라 다음과 같이 계속 뜬다. 필요한 경우 더 긴 줄바늘로 바꾼다.

사이즈 85(92.5)cm

다음 단: (안면) 에워싼 코 앞까지 안뜨기, 에워싼 실과 에워싸인 코 함께 안뜨기, 다음 코 에워싸기, 편물 돌리기

다음 단: 에워싼 코 앞까지 겉뜨기, 에워싼 실과 에워싸인 코 함께 겉뜨기, 다음 코 에워싸기, 편물 돌리기

모든 사이즈

다음 단: (안면) 에워싼 코 앞까지 안뜨기, 에워싼 실과 에워싸인 코 함께 안뜨기, 다음 코 에워싸기, 편물 돌리기

늘림단 1: (겉면) ※콧수링 앞 1코 남을 때까지 겉뜨기, 오른쪽 기울임 1코 만들기*, 겉1, 콧수링 옮기기, 겉1, 왼쪽 기울임 1코 만들기*. ※표한 부분 3번 더 반복. 에워싼 코 앞까지 겉뜨기, 에워싼 실과 에워싸인 코 함께 겉뜨기, 다음 코 에워싸기, 편물 돌리기. → 8코가 는다.

위의 2단을 10(11, 13, 14, 15, 16, 17)번 더 반복한 다음, 안면 단을 1번 더 뜬다.

늘림단 2: (겉면) ※콧수링 앞 1코 남을 때까지 겉뜨기, 오른쪽 기울임 1코 만들기*, 겉1, 콧수링 옮기기, 겉1, 왼쪽 기울임 1코 만들기*. ※표한 부분 3번 더 반복, 끝까지 겉뜨기, 에워싼 실과 에워싼 코 함께 뜨기 → 양쪽 앞판에 각 29(31, 34, 36, 38, 40, 42)코씩, 양 소매에 각 34(36, 39, 41, 42, 44, 46)코씩, 뒤판에 58(61, 68, 71, 76, 79, 82)코로 총 184(195, 214, 225, 236, 247, 258)코가 된다.

사이즈에 따라 다음과 같이 계속 뜬다.

사이즈 85(103, 120.5)cm

겉뜨기로 1단을 뜬다.

사이즈 92.5(110.5, 128.5)cm

줄임단: 마지막 2코 남을 때까지 겉뜨기, 오른코 모아뜨기 → 앞판과 뒤판에 각 61(71, 79)코씩, 양 소매에 각 36(41, 44)코로 총 194(224, 246)코가 남는다.

사이즈 137cm

줄임단: 2코 모아 겉뜨기, 마지막 2코 남을 때까지 겉뜨기, 오른코 모아뜨기 → 앞판과 뒤판에 각 82코씩, 양 소매에 각 46코씩 총 256코가 남는다.

모든 사이즈

늘림단: ※콧수링 앞 1코 남을 때까지 겉뜨기, 오른쪽 기울임 1코 만들기*, 겉1, 콧수링 옮기기, 겉1, 왼쪽 기울임 1코 만들기*. ※표한 부분 3번 더 반복, 끝까지 겉뜨기. → 8코가 는다.

겉뜨기로 1단을 뜬다.

위의 2단을 1(2, 2, 1, 2, 1, 0)번 더 반복한다. → 200(218, 238, 240, 260, 262, 264)코가 된다.

늘림단을 1(1, 1, 3, 3, 5, 7)번 더 반복한다. → 앞판과 뒤판에 각 64(69, 76, 81, 88, 93, 98)코씩, 양 소매에 각 40(44, 47, 51, 54, 58, 62)코씩 총 208(226, 246, 264, 284, 302, 320)코가 된다.

몸판과 소매 나누기

단 시작 부분을 표시하는 콧수링을 빼고, 첫 번째 래글런 표시한 콧수링 앞까지 겉뜨기, 콧수링 빼기, 소매에 해당하는 다음 40(44, 47, 51, 54, 58, 62)코를 스티치홀더나 다른 실에 옮겨 쉼코로 두고, 콧수링을 빼고, 뒤로 감아 코 만들기* 방법으로 1(2, 2, 3, 3, 4, 5)코를 만들고, 새로운 시작 부분에 콧수링을 걸고 2(2, 3, 3, 4, 4, 5)코를 더 만들고, 뒤판의 64(69, 76, 81, 88, 93, 98)코를 뜨고, 콧수링을 빼고, 다음 40(44, 47, 51, 54, 58, 62)코를 스티치홀더나 다른 실에 옮겨 쉼코로 두고, 콧수링을 빼고, 뒤로 감아 코 만들기로 1(2, 2, 3, 4, 5)코를 만들고 옆 '솔기' 선에 콧수링을 걸고, 2(2, 3, 3, 4, 4, 5)코를 더 만들고 끝까지 겉뜨기한다. → 몸판에 134(146, 162, 174, 190, 202, 216)코가 남는다.

소매와 나눈 부분부터 2.5cm가 될 때까지 계속 겉뜨기한다.

허리선 만들기

줄임단: ※0(1, 0, 1, 0, 1, 1)코 겉뜨기, 2코 모아 겉뜨기, 다음 콧수링 앞 3코 남을 때까지 겉뜨기, 오른코 모아뜨기, 겉1. ※표한 부분 1번 더 반복.→ 4코가 는다.

겉뜨기로 4(5, 5, 6, 6, 7, 8)단을 뜬다.

위의 5(6, 6, 7, 7, 8, 9)단을 2번 더 반복하고 줄임단만 1번 더 뜬다. → 118(130, 146, 158, 174, 186, 200)코가 남는다.

겉뜨기로 3(2, 3, 2, 3, 2, 2)단을 뜨고, 안뜨기로 2(3, 2, 2, 2, 2, 3)단을 뜬다.

사이즈에 따라 다음과 같이 진행한다.

사이즈 85(103, 110.5, 120.5, 128.5)cm

늘림단: ※29(25, 39, 21, 31)코 안뜨기, [안뜨기에서 1코 만들기*, 30(24, 40, 22, 31)코 안뜨기]를 1(2, 1, 3, 2)번 반복, 콧수링 옮기기. ※표한 부분 1번 더 반복. → 120(150, 160, 180, 190)코가 된다.

사이즈 92.5(137)cm

늘림이 마무리되었다.

모든 사이즈

편물 길이가 겨드랑이 코 만든 부분부터 약 12(13.5, 13.5, 14, 14.5, 15, 16.5)cm가 된다.

겉뜨기로 1단을 뜬다.

패턴 설정단: [겉1, 안3, ※겉2, 안3, 콧수링 앞 1코 남을 때까지 ※표한 부분 반복, 겉1, 콧수링 옮기기] 2번

설정된 패턴에 따라 고무뜨기로 9단을 더 뜬다.

늘림단: ※겉1, 코의 모양에 따라 1코 만들기 또는 안뜨기에서 1코 만들기, 콧수링 앞 1코 남을 때까지 설정된 패턴대로 뜨기, 코의 모양에 따라 1코 만들기 또는 안뜨기에서 1코 만들기, 겉1. ※표한 부분 1번 더 반복. → 4코가 는다.

설정된 고무뜨기 패턴대로 9단을 뜬다.

위의 10단을 4번 더 반복한다. → 140(150, 170, 180, 200, 210, 220)코가 된다.

겉뜨기로 1단을 뜨고, 안뜨기로 3단을 뜬다. → 편물 길이가 겨드랑이 코 만든 부분부터 약 38.5(40, 40, 40.5, 41.5, 42, 43)cm가 된다.

모든 코를 안뜨기방향으로 코막음한다.

소매

겉면을 마주 본 채, 겨드랑이 부분에 만들어 놓은 코들의 중심에서부터 막대바늘을 가지고 3(3, 4, 4, 5, 5, 6)코를 줍는다. 쉼코로 두었던 소매의 40(44, 47, 51, 54, 58, 62)코를 겉뜨기한 다음, 겨드랑이에서 만든 코들 중 남은 2(3, 3, 4, 4, 5, 6)코에서 코를 줍는다. → 총 45(50, 54, 59, 63, 68, 74)코가 된다. 콧수링을 끼워 단의 시작 부분을 표시한다.

줄임단 1: 겉2(2, 3, 3, 4, 4, 5), 2코 모아 겉뜨기, 마지막 3(4, 4, 5, 5, 6, 7)코 남을 때까지 겉뜨기, 오른코 모아뜨기, 1(2, 2, 3, 3, 4, 5)코 겉뜨기. → 43(48, 52, 57, 61, 66, 72)코가 남는다.

겉뜨기로 8단을 뜬다.

줄임단 2: 겉1, 2코 모아 겉뜨기, 마지막 3코 남을 때까지 겉뜨기, 오른코 모아뜨기, 겉1. → 41(46, 50, 55, 59, 64, 70)코가 남는다.

겉뜨기로 9단을 뜨고, 안뜨기로 2(2, 3, 3, 2, 2, 3)단을 뜬다.

사이즈에 따라 다음과 같이 계속 뜬다.

사이즈 85(92.5)cm

안1, 2코 모아 안뜨기, 끝까지 안뜨기. → 40(45)코가 남는다.

사이즈 103(137)cm

모양이 다 만들어졌다.

사이즈 120.5(128.5)cm

안1, 안뜨기에서 1코 만들기, 끝까지 안뜨기. → 60(65)코가 된다.

모든 사이즈

겉뜨기로 1단을 뜬다.

설정단: ※겉1, 안3, 겉1. ※표한 부분 반복.

설정된 패턴대로 23(15, 11, 9, 7, 5, 5)단을 더 뜬다.

줄임단: 겉1, 코의 모양에 따라 2코 모아 안뜨기 또는 2코 모아 겉뜨기, 마지막 3코 남을 때까지 뜨기, 코의 모양에 따라 안뜨기에서 오른코 줄이기 또는 오른코 모아뜨기, 겉1. → 2코가 준다.

위의 24(16, 12, 10, 8, 6, 6)단을 2(1, 1, 1, 4, 9, 6)번 더 반복한다. → 34(41, 46, 51, 50, 45, 56)코가 남는다.

사이즈에 따라 다음과 같이 계속 뜬다.

사이즈 85cm

모양이 다 만들어졌다.

사이즈 92.5(103, 110.5, 120.5, 128.5, 137)cm

패턴대로 13(9, 7, 5, 3, 3)단을 더 뜬다.

줄임단: 겉1, 코의 모양에 따라 2코 모아 안뜨기 또는 2코 모아 겉뜨기, 마지막 3코 남을 때까지 뜨기, 코의 모양에 따라 안뜨기에서 오른코 줄이기 또는 오른코 모아뜨기, 겉1. → 2코가 준다.

위의 14(10, 8, 6, 4, 4)단을 2(4, 6, 5, 3, 8)번 더 반복한다. → 35(36, 37, 38, 37, 38)코가 남는다.

모든 사이즈

코를 주운 부분부터 42.5(43, 44, 44.5, 45, 45, 45.5)cm가 될 때까지 설정된 패턴대로 고무뜨기를 계속한다.

겉뜨기로 1단을 뜨고, 안뜨기로 3단을 뜬다.

모든 코를 안뜨기하듯이 코막음한다.

마무리

남은 실꼬리를 편물 속으로 엮어 감추고, 치수에 맞게 블로킹*한다.

Twist Sweater
꽈배기 스웨터

편하고 포근한 풀오버 스웨터로, 추위가 매서운 한겨울 날 입기에
제격이다. 무척 따뜻할 뿐 아니라, 굵은 바늘로 시작해서 점점 작은
바늘로 바꾸며 떠서 허리선도 예쁘다. 소매는 임시 코를 만들어서
뜨고, 앞판과 뒤판은 각각 따로 뜨면서 동시에 소맷마루와 목선도
만든다. 소매와 어깨는 바늘 3개를 이용한 코막음 방법으로
연결하여 복잡한 과정을 최소화했다.

완성 사이즈
가슴둘레 약 81.5(89.5, 98.5, 106.5, 115.5, 124, 132.5)cm
견본 사이즈는 89.5cm

실
굵기: 극태사(Bulky weight)
견본에 사용한 실: Spud & Chloë 사의 Outer(슈퍼워시 울 65%, 유기농 면 35%, 55m/100g) 색상기호 #7203 carbon, 10(11, 11, 12, 13, 14, 15)볼

바늘
몸판과 소매: 10mm, 9mm, 8mm 80cm 줄바늘
트임단과 테두리: 8mm 양끝이 뾰족한 막대바늘 4개
게이지가 정확히 맞지 않으면 바늘 굵기를 바꿔서 조정한다.

기타 준비물
콧수링, 스티치홀더나 다른 실,
임시 코 만들 때 쓸 8mm 코바늘과 다른 실, 돗바늘.

게이지
8mm 바늘을 가지고 원통뜨기로
가터 교차 고무뜨기를 했을 때 12코 16단=사방 10cm
8mm 바늘을 가지고 원통뜨기로
메리야스뜨기를 했을 때 9.5코 14.5단=사방 10cm

뜨개 가이드

왼쪽 교차뜨기: 오른쪽 바늘 끝을 왼쪽 바늘의 첫코 뒤로 가져가서 왼쪽 바늘 둘째 코의 뒤쪽 고리를 통해 겉뜨기하는데, 이때 두 코 모두 왼쪽 바늘에서 빼지 않은 상태를 유지하고, 이어서 왼쪽 바늘의 첫 코를 겉뜨기한 다음 두 코를 동시에 왼쪽 바늘에서 뺀다.

오른쪽 교차뜨기: 2코 모아 겉뜨기를 하되 2코 모두 왼쪽 바늘에서 빠지 않은 상태로 첫째 코만 1번 더 겉뜨기한 다음 2코 모두 바늘에서 뺀다.

몸판

10mm 줄바늘을 가지고 기본 코 만들기* 방법으로 96(104, 112, 120, 128, 136, 144)코를 만든다. 코가 꼬이지 않도록 조심하면서 원통뜨기로 가터뜨기를 할 수 있도록 양끝을 연결하여* 연결부위가 겉면으로 나오도록 한다. 콧수링을 끼워 단의 시작 부분을 표시한다.

가터 교차 고무뜨기 차트의 1~10단까지 뜬다. 9mm 줄바늘로 바꾸어 차트의 1~10단을 2번 더 반복한다. 8mm 줄바늘로 바꾸어 1~10단을 1번 뜨고, 1단부터 9단까지만 1번 더 뜬다. → 편물의 길이가 시작 단부터 약 29cm가 된다.

줄임단: ※겉2, 안1. 왼쪽 바늘에서 1코를 빼어 편물 앞으로 두고, 실을 편물 뒤로 둔 채 다음 2코를 안뜨기방향으로 걸러뜨기하고, 다음 1코를 빼어 앞으로 두고, 왼쪽 바늘로 처음에 뺀 1코를 줍고, 걸러뜨기한 2코를 왼쪽 바늘로 다시 옮기고, 두 번째로 뺀 코를 왼쪽 바늘로 줍는다. 오른코 모아뜨기*, 2코 모아 겉뜨기, 안1. ※표한 부분 반복. → 72(78, 84, 90, 96, 102, 108)코가 남는다.

안뜨기로 1단을 뜨고, [겉뜨기 1단, 안뜨기 1단 뜨기]를 2번 한다.

앞트임 나누기

실을 자르고 콧수링을 뺀다. 24(24, 24, 30, 30, 30)코를 안뜨기방향으로 걸러뜨기하고, 콧수링을 끼워 새로운 시작 부분을 표시한다.

사이즈에 따라 다음과 같이 계속 뜬다.

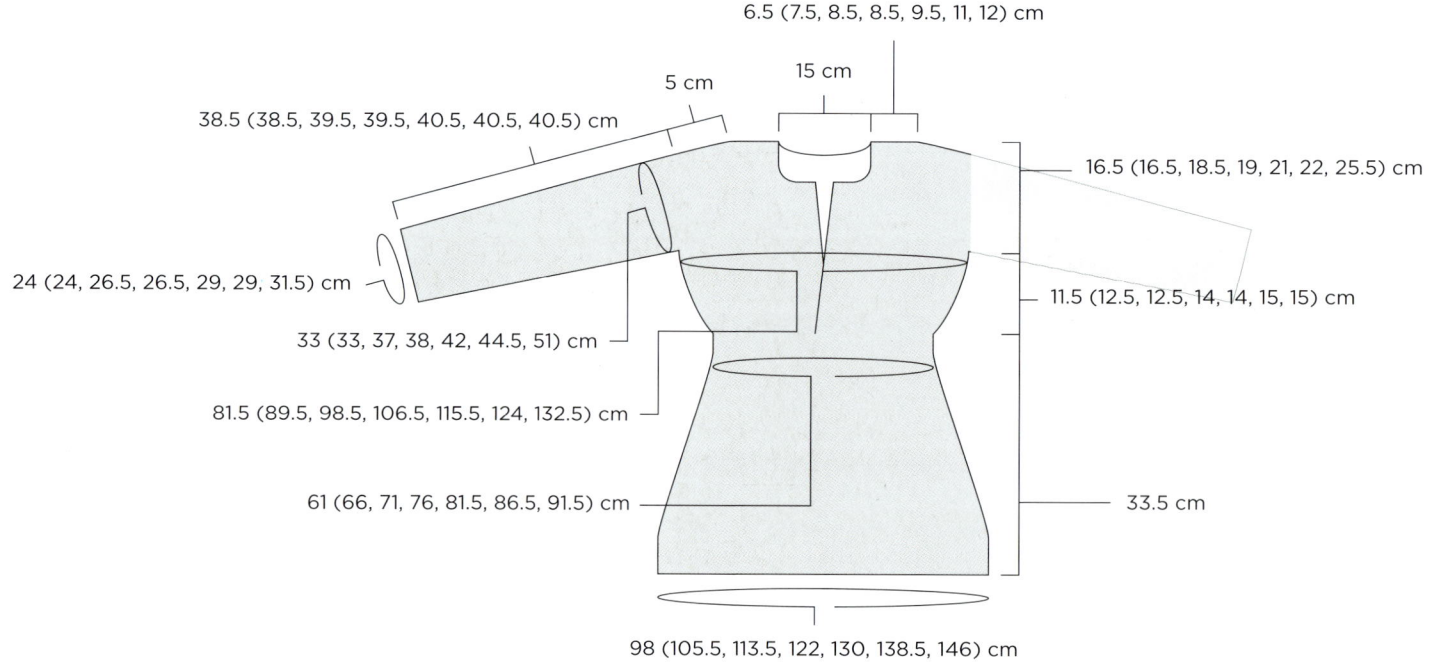

사이즈 81.5cm

다음 단: (겉면) 빈 막대바늘을 가지고 방금 걸러뜨기한 코들 중 마지막 4코의 뒤쪽에서 2단 아래에 있는 가터 이랑에서 4코를 줍는다. 걸러뜨기한 코들은 막대바늘에 걸어둔다. (이 코들은 겉면 단의 시작 부분과 안면 단의 마지막 부분에서 뜰 것이다. 진행 중인 코들은 줄바늘에 편안하게 끼워질 때까지는 막대바늘 여러 개에 나눠서 뜬다.) 겉16, 콧수링을 끼워 옆 '솔기'를 표시한다. 겉36, 콧수링으로 반대편 '솔기' 표시. 끝까지 겉20. → 앞판에 각 20코, 뒤판에 36코로 총 76코가 된다.

사이즈 89.5(98.5, 106.5, 115.5, 124, 132.5)cm

늘림단: (겉면) 빈 막대바늘을 가지고 방금 걸러뜨기한 코들 중 마지막 4코의 뒤쪽에서 2단 아래의 가터 이랑에서 4코를 줍는다. 걸러뜨기한 코들은 막대바늘에 걸어둔다. (이 코들은 겉면 단의 시작 부분과 안면 단의 마지막 부분에서 뜰 것이다. 진행 중인 코들은 줄바늘에 편안하게 끼워질 때까지는 막대바늘 여러 개에 나눠서 뜬다.) 겉18(10, 10, 8, 8, 7), [1코 만들기*, 겉0(9, 11, 7, 8, 6)]을 0(1, 1, 2, 2, 3)번, 콧수링 끼워 옆 '솔기' 표시, 겉10(11, 10, 9, 5, 7), [1코 만들기, 겉18(20, 8, 10, 8, 8)]을 1(1, 3, 3, 5, 5)번, 1코 만들기, 겉10(11, 10, 9, 5, 7), 콧수링으로 반대편 '솔기' 표시, [겉0(9, 11, 7, 8, 6), 1코 만들기]를 0(1, 1, 2, 2, 3)번, 겉22(14, 14, 12, 12, 11). → 앞판에 각 22(24, 26, 28, 30, 32)코씩, 뒤판에 40(44, 48, 52, 56, 60)코로 총 84(92, 100, 108, 116, 124)코.

모든 사이즈

설정단: (안면) 4코 가터뜨기(매단 겉뜨기), 마지막 4코 남을 때까지 메리야스뜨기(겉면에서 겉뜨기, 안뜨기에서 안뜨기), 4코 가터뜨기.

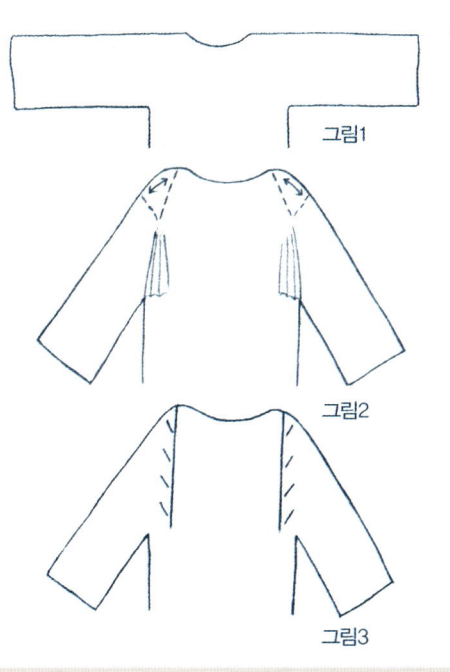

옆으로 뜨는 소매에서 소맷마루 만들기

진동이 시작되는 부분에서 소매 전체에 해당하는 코를 잡아 몸판과 동시에 소매를 뜰 때(그림 1)는 어깨선이 당기거나 겨드랑이 부분이 우는 경우(그림 2)가 생긴다. 소맷마루에 어깨의 곡선을 충분히 감쌀 만큼 여유분을 두면 그런 현상을 피할 수 있다.

우선 원하는 어깨 넓이를 양쪽 어깨에 맞춰 정하고 그 양쪽에 콧수링을 표시한다. 그런 다음 아래에서 위로 떠 올라가는 경우에는, 겨드랑이와 어깨 사이에서 양 콧수링 바깥쪽으로 콧수를 늘려준다(그림 3). 위에서 아래로 떠 내려간다면, 콧수를 늘리는 대신 줄여간다.

가터 교차 고무뜨기 차트

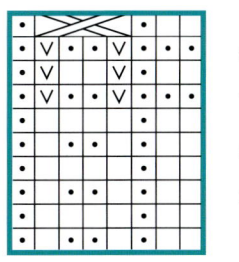

□ 겉뜨기

• 안뜨기

V 실을 편물 뒤로 둔 채 안뜨기방향으로 1코 걸러뜨기

⋈ 1코를 바늘에서 빼어 편물 앞쪽으로 두고, 실을 편물 뒤로 둔 채 다음 2코를 안뜨기방향으로 걸러뜨기하고, 다음 1코를 또 바늘에서 빼어 편물 앞쪽으로 둔 다음, 왼쪽 바늘로 처음에 빼둔 1코를 줍고, 걸러뜨기한 2코를 다시 왼쪽 바늘로 옮기고, 두 번째로 빼둔 1코를 왼쪽 바늘로 주운 다음 4코를 차례로 겉뜨기

□ 반복 단위

트임단 만들기

줄임단: (겉면) 겉4, 2코 모아 겉뜨기, 마지막 6코 남을 때까지 겉뜨기, 오른코 모아뜨기, 겉4. → 2코 준다.

설정된 패턴대로 5(5, 5, 7, 7, 7, 7)단을 뜬다.

위의 6(6, 6, 8, 8, 8, 8)단을 0(1, 1, 0, 0, 1, 1)번 더 반복한다. → 74(80, 88, 98, 106, 112, 120)코가 남는다.

사이즈에 따라 다음과 같이 계속 뜬다.

사이즈 81.5(106.5, 115.5)cm

줄임단을 반복한다. → 72(96, 104)코가 남는다.

설정된 패턴대로 3(5, 5)단을 뜬다.

모든 사이즈

줄임단을 반복하고, 안면 단을 1단 뜬다. → 양쪽 앞판에 각 17(19, 21, 23, 25, 27, 29)코씩, 뒤판에 36(40, 44, 48, 52, 56, 60)코로 총 70(78, 86, 94, 102, 110, 118)코가 남는다.

다음 단: (겉면) 콧수링 앞 1코 남을 때까지 겉뜨기, 왼쪽 교차뜨기(뜨개 가이드)를 하고 콧수링을 이 2코 사이로 옮긴다. 다음 콧수링 앞 1코 남을 때까지 겉뜨기, 오른쪽 교차뜨기하고 이 2코 사이로 콧수링을 옮긴다. 끝까지 겉뜨기. (여기서 교차뜨기를 하는 이유는 겨드랑이에 구멍이 생기지 않게 하려는 것이다.)

안면 단을 1단 뜬다. → 편물 길이가 시작 단부터 약 45(46.5, 46.5, 47.5, 47.5, 49, 49)cm가 된다.

오른쪽 앞판의 17(19, 21, 23, 25, 27, 29)코와 뒤판의 36(40, 44, 48, 52, 56, 60)코를 각각 따로 스티치홀더나 다른 실에 옮겨 쉼코로 둔다. 실은 자르지 않는다.

왼쪽 앞판

막대바늘과 코바늘과 다른 실을 가지고, 코바늘을 이용한 임시 코 만들기* 방법으로 왼쪽 소매가 될 36(36, 37, 37, 38, 38, 38)코를 만든다. 왼쪽 앞판의 17(19, 21, 23, 25, 27, 29)코가 걸려 있는 줄바늘에서 앞판 목둘레 가장자리 쪽에 있는 바늘 끝으로 막대바늘에 걸린 임시 코 36(36, 37, 37, 38, 38, 38)코를, 코를 만든 새 볼의 실로 겉뜨기한다. 그런 다음 그 줄바늘 끝을 오른쪽으로 가져와 겉면을 마주 본 채 앞판 코들을 겨드랑이부터 이어서 뜬다. 왼쪽 소매와 앞판이 옆으로 연결된다. → 총 53(55, 58, 60, 63, 65, 67)코가 된다.

통이 좁아지는 소매

다음과 같이 사선 되돌아뜨기를 한다.

사선 되돌아뜨기 1: 안면을 마주 보고 겉4, 안25(27, 30, 29, 30, 30, 30), 다음 코 에워싸기, 편물 돌려 겉면 마주 보고 마지막 6코 남을 때까지 겉뜨기, 오른코 모아뜨기, 겉4 → 52(54, 57, 59, 62, 64, 66)코가 남는다.

사선 되돌아뜨기 2: 안면을 마주 보고 겉4, 안36(39, 41, 37, 38, 36, 36), 다음 코 에워싸기, 편물 돌려 겉면 마주 보고 끝까지 겉뜨기.

사선 되돌아뜨기 3: 안면을 마주 보고 겉4, 안48(50, 53, 46, 48, 44, 43), 다음 코 에워싸기, 편물 돌려 겉면 마주 보고 오른쪽 바늘에 41(42, 44, 46, 48, 49, 50)코 남을 때까지 겉뜨기, 왼쪽 기울임 1코 만들기*, 콧수링 끼우기, 끝까지 겉뜨기.

사이즈에 따라 다음과 같이 계속 뜬다.

사이즈 81.5(89.5, 98.5)cm

사선 되돌아뜨기가 마무리되었다.

사이즈 106.5(115.5, 124, 132.5)cm

사선 되돌아뜨기 4: 안면을 마주 보고 겉4, 안55(58, 52, 50), 다음 코 에워싸기, 편물 돌려 겉면 마주 보고 끝까지 겉뜨기.

사이즈 124(132.5)cm

사선 되돌아뜨기 5: 안면을 마주 보고 겉4, 안60(56), 다음 코 에워싸기, 편물 돌려 겉면 마주 보고 끝까지 겉뜨기.

사이즈 132.5cm

사선 되돌아뜨기 6: 안면을 마주 보고 겉4, 안62, 편물 돌려 겉면을 마주 보고 끝까지 겉뜨기.

소맷마루 만들기

설정단: (겉면) 겉41(42, 44, 46, 48, 49, 50), 왼쪽 기울임 1코 만들기, 콧수링 끼우기, 끝까지 겉뜨기. → 53(55, 58, 60, 63, 65, 67)코.

설정된 대로 1단을 뜬다.

늘림단: (겉면) 콧수링 앞까지 겉뜨기, 왼쪽 기울임 1코 만들기, 콧수링 옮기기, 끝까지 겉뜨기. → 1코가 는다.

위의 2단을 3번 더 반복한다.→ 57(59, 62, 64, 67, 69, 71)코가 된다. 콧수링을 뺀다.

목둘레선 만들기

다음 단: (안면) 4코를 겉뜨기한 다음 스티치홀더나 다른 실에 옮겨두고 끝까지 안뜨기한다. → 53(55, 58, 60, 63, 65, 67)코가 남는다.

줄임단: (겉면) 마지막 2코 남을 때까지 겉뜨기, 오른코 모아뜨기. → 52(54, 57, 59, 62, 64, 66)코가 남는다.

메리야스뜨기로 6(6, 8, 8, 10, 10, 12)단을 뜬다. 겉면 단까지 뜨게 된다.

코들을 스티치홀더나 다른 실에 옮겨 쉼코로 둔다. 실을 자른다.

뒤판

막대바늘과 코바늘과 다른 실을 가지고, 코바늘을 이용한 임시 코 만들기 방법으로 오른쪽 소매가 될 36(37, 37, 38, 38, 38)코를 만든다. 쉼코로 두었던 뒤판의 36(40, 44, 48, 52, 56, 60)코를 줄바늘로 옮긴다. 뒤판 왼쪽 겨드랑이 부분이 걸린 쪽 줄바늘을 가지고 방금 임시 코를 만든 새 실로 막대바늘의 임시 코 36(36, 37, 37, 38, 38, 38)코를 겉뜨기한 다음, 겉면을 마주 본 채 오른쪽 겨드랑이부터 뒤판 코들을 이어서 뜬다. 이제 왼쪽 소매의 임시 코들을 잡아주고 있던 다른 실을 소매 끝부터 시작해서 조심스럽게 풀어내고 드러난 임시 코들을 줄바늘의 왼쪽 끝에 옮긴다. 옮긴 코들 중 12(12, 13, 10, 9, 7, 5)코를 겉뜨기하고 다음 코를 에워싸고 편물을 돌린다. → 뒤판에 36(40, 44, 48, 52, 56, 60)코와 양 소매에 각 36(36, 37, 37, 38, 38, 38)코씩 총 108(112, 118, 122, 128, 132, 136)코가 된다.

통이 좁아지는 소매

사선 되돌아뜨기 1: 안면을 마주 보고 안60(64, 70, 68, 70, 70, 70), 다음 코 에워싸기, 편물 돌려 겉면 마주 보고 겉72(76, 82, 77, 79, 77, 77), 다음 코 에워싸기, 편물 돌리기.

사선 되돌아뜨기 2: 안면을 마주 보고 안84(88, 94, 86, 88, 84, 84), 다음 코 에워싸기, 편물 돌려 겉면 마주 보고 겉96(100, 106, 95, 98, 92, 91), 다음 코 에워싸기, 편물 돌리기.

사선 되돌아뜨기 3: 안면을 마주 보고, 안108(112, 118, 104, 108, 100, 98), 다음 코 에워싸기, 편물 돌리기.

사이즈에 따라 다음과 같이 계속 뜬다.

사이즈 81.5(89.5, 98.5)cm

사선 되돌아뜨기가 마무리되었다.

사이즈 106.5(115.5, 124, 132.5)cm

사선 되돌아뜨기 4: 겉면을 마주 보고, 겉113(118, 108, 105), 다음 코 에워싸기, 편물 돌려 안면을 마주 보고 안122(128, 116, 112), 다음 코 에워싸기, 편물 돌리기.

사이즈 124(132.5)cm

사선 되돌아뜨기 5: 겉면을 마주 보고 겉124(118), 다음 코 에워싸기, 편물 돌려 안면을 마주 보고 안132(124), 다음 코 에워싸기, 편물 돌리기.

사이즈 132.5cm

사선 되돌아뜨기 6: 겉면을 마주 보고 겉130, 편물 돌려 안면을 마주 보고 끝까지 안뜨기.

소맷마루 만들기

설정단: (겉면) 겉41(42, 44, 46, 48, 49, 50), 왼쪽 기울임 1코 만들기, 콧수링 끼우기, 겉26(28, 30, 30, 32, 34, 36), 콧수링 끼우기, 오른쪽 기울임 1코 만들기*, 끝까지 겉뜨기. → 110(114, 120, 124, 130, 134, 138)코.

안면을 마주 보고 안뜨기로 1단을 뜬다.

늘림단: (겉면) 콧수링 앞까지 겉뜨기, 왼쪽 기울임 1코 만들기, 콧수링 옮기기, 다음 콧수링 앞까지 겉뜨기, 콧수링 옮기기, 오른쪽 기울임 1코 만들기, 끝까지 겉뜨기 → 2코가 는다.

위의 2단을 3번 더 반복한다.→ 118(122, 128, 132, 138, 142, 146)코가 된다. 콧수링을 뺀다.

메리야스뜨기로 2(2, 4, 4, 6, 6, 8)단을 더 뜬다. 겉면 단까지 뜨게 된다.

목둘레선 만들기

설정단: (안면) 안53(55, 58, 60, 63, 65, 67), 콧수링 끼우기, 안12, 콧수링 끼우기, 끝까지 안뜨기.

다음 단: 콧수링 앞까지 겉뜨기, 콧수링 빼기, 새 실을 연결하여 12코를 코막음하고, 다음 콧수링을 빼고, 끝까지 겉뜨기. → 양쪽에 각 53(55, 58, 60, 63, 65, 67)코씩 남는다.

줄임단: (안면) 코막음한 부분 앞 2코 남을 때까지 안뜨기, 2코 모아 안뜨기; (코막음 부분 넘어 반대쪽에서) 안뜨기에서 오른코 줄이기*, 끝까지 안뜨기. → 양쪽에 각 52(54, 57, 59, 62, 64, 66)코씩 남는다.

양쪽을 각각 따로 뜨면서 3단씩 더 뜬다. 겉면 단까지 뜨게 된다.

왼쪽 어깨선 연결

뒤판 오른쪽 어깨 코들을 스티치홀더에 옮겨 쉼코로 두고 실을 자른다.

쉼코로 두었던 왼쪽 앞판의 52(54, 57, 59, 62, 64, 66)코를 막대바늘에 옮기고, 겉면끼리 마주 닿고 안면이 겉으로 나오도록 소매를 접은 다음 바늘 3개를 이용한 코막음* 방법으로 모든 코를 연결한다.

오른쪽 앞판

쉼코로 두었던 오른쪽 앞판의 17(19, 21, 23, 25, 27, 29)코와 등판에 연결된 오른쪽 소매의 임시 코 36(36, 37, 37, 38, 38, 38)코를 줄바늘에 옮긴다. → 총 53(55, 58, 60, 63, 65, 67)코.

통이 좁아지는 소매

사선 되돌아뜨기 1: 겉면을 마주 보고 원래 연결되어 있던 실로 오른쪽 앞판의 17(19, 21, 23, 25, 27, 29)코를 뜬 다음 임시 코였던 12(12, 13, 10, 9, 7, 5)코를 겉뜨기하고, 다음 코를 에워싸고 편물을 돌려 안면을 마주 보고 마지막 4코 남을 때까지 안뜨기, 4코 겉뜨기.

사선 되돌아뜨기 2: 겉면을 마주 보고 겉4, 2코 모아 겉뜨기, 겉36(39, 41, 37, 38, 36, 36), 다음 코 에워싸기, 편물 돌려 안면을 마주 보고 마지막 4코 남을 때까지 안뜨기, 4코 겉뜨기.

사선 되돌아뜨기 3: 겉면을 마주 보고 겉52(54, 57, 50, 48, 47), 단이 다 끝나지 않은 경우에는 다음 코 에워싸고 편물 돌려 4코 남을 때까지 안뜨기, 4코 겉뜨기.

사이즈에 따라 다음과 같이 계속 뜬다.

사이즈 81.5(89.5, 98.5)cm

사선 되돌아뜨기가 마무리되었다.

사이즈 106.5(115.5, 124, 132.5)cm

사선 되돌아뜨기 4: 겉면을 마주 보고 겉59(62, 56, 54), 단이 다 끝나지 않은 경우에는 다음 코 에워싸고, 편물을 돌려 안면을 보고 4코 남을 때까지 안뜨기, 4코 겉뜨기

사이즈 124(132.5)cm

사선 되돌아뜨기 5: 겉면을 마주 보고, 겉64(60), 단이 다 끝나지 않은 경우에는 다음 코 에워싸고, 돌려 안면을 보고 4코 남을 때까지 안뜨기, 4코 겉뜨기

사이즈 132.5cm

사선 되돌아뜨기 6: 겉면을 마주 보고 끝까지 겉뜨기, 편물 돌려 안면을 마주 보고 4코 남을 때까지 안뜨기, 4코 겉뜨기.

소맷마루 만들기

설정단: (겉면) 겉11(12, 13, 13, 14, 15, 16), 콧수링 끼우기, 오른쪽 기울임 1코 만들기, 끝까지 겉뜨기. → 53(55, 58, 60, 63, 65, 67)코.

안면을 마주 보고 안뜨기로 1단을 뜬다.

늘림단: (겉면) 콧수링 앞까지 겉뜨기, 콧수링 옮기기, 오른쪽 기울임 1코 만들기. → 1코가 는다.

위의 2단을 3번 더 반복한다. → 57(59, 62, 64, 67, 69, 71)코가 된다. 콧수링을 뺀다.

안면을 보고 1단을 뜬다.

목둘레선 만들기

줄임단: (겉면) 실을 편물 뒤로 둔 채 안뜨기하듯이 4코 걸러뜨기, 2코 모아 겉뜨기, 끝까지 겉뜨기. → 56(58, 61, 63, 66, 68, 70)코가 남는다.

다음 단: (안면) 마지막 4코가 남을 때까지 안뜨기, 전단에서 걸러뜨기한 4코를 스티치홀더에 옮긴다. → 52(54, 57, 59, 62, 64, 66)코가 남는다.

메리야스뜨기로 5(5, 7, 7, 9, 9, 11)단을 뜬다. 겉면 단까지 뜨게 된다.

오른쪽 어깨선 연결

쉼코로 둔 뒤판 오른쪽 어깨의 52(54, 57, 59, 62, 64, 66) 코를 다른 바늘에 옮기고, 소매를 겉면끼리 마주 닿고 안면이 겉으로 나오도록 접은 다음 바늘 3개를 이용한 코막음 방법으로 모든 코를 연결한다.

마무리

남은 실꼬리를 편물에 엮어 감추고, 치수에 맞게 블로킹*한다.

목선 정리

겉면을 마주 보고 실을 편물 뒤로 둔 채 오른쪽 목둘레의 쉼코 4코를 8mm 바늘에 옮긴다. 이 4코를 겉뜨기한 다음 뒤판으로 이어지는 옆쪽 목둘레선을 따라 12(12, 13, 13, 15, 15, 16)코, 뒷목선을 따라 12코, 다음 목둘레선에서 왼쪽 목둘레의 쉼코 4코 앞까지 12(12, 13, 13, 15, 15, 16)코를 줍는다. 쉼코 4코는 바늘의 반대편 빈 끝에 옮겨 겉뜨기한다. → 총 44(44, 46, 46, 50, 50, 52)코가 된다. 겉뜨기로 2단을 뜬다. 겉면 단까지 뜨게 된다.

안면을 마주 보고 모든 코를 겉뜨기하듯이 코막음한다.

소맷부리

양끝이 뾰족한 막대바늘들을 가지고 소맷부리를 따라 겉면을 마주 보고 코가 고루 나뉘도록 24(24, 26, 26, 28, 28, 30)코를 줍는다. 콧수링을 끼우고 원통뜨기를 하도록 양끝을 연결한다. [안뜨기로 1단, 겉뜨기로 1단]을 2번 반복한다. 모든 코를 안뜨기방향으로 코막음한다.

Leaves Pattern Half-Sleeve knit
나뭇잎 무늬 반팔 니트

이 편안한 반팔 스웨터는 밑단에서부터 겨드랑이까지 원통형으로 한꺼번에 떠 올라간 다음, 앞판의 코들을 스티치홀더에 옮기고, 뒤판에서 소매의 코를 만들어 어깨까지 함께 떠 올라간다. 그런 다음 앞판 소매의 코들을 주위 어깨까지 떠 올라간다. 소매 코를 더 많이 잡아 긴소매로 만들면 쌀쌀한 날씨에도 입을 수 있다.

완성 사이즈
가슴둘레 78(87.5, 98, 107.5, 117, 127, 136.5)cm
견본 사이즈는 87.5cm

실
굵기: 합태사(Sportweight)

견본에 사용한 실: Blue Sky Alpacas 사의 Skinny Dyed(유기농 면 100%, 137m/65g), 색상기호 #318 blackberry, 6(6, 7, 8, 9, 10, 11)볼

바늘
4mm 40cm와 80cm 줄바늘,
4mm 양끝이 뾰족한 막대바늘 4개
게이지가 정확히 맞지 않으면 바늘 굵기를 바꿔서 조정한다.

기타 준비물
콧수링, 스티치홀더나 다른 실, 돗바늘

게이지
4mm 바늘로 원통뜨기로 1×4 꼬아뜨는 고무뜨기를 했을 때 24코 30단=사방 10cm
4mm 바늘로 안메리야스뜨기를 했을 때 23코 30단=사방 10cm

몸판

80cm 줄바늘을 가지고 기본 코 만들기* 방법으로 180(200, 220, 240, 260, 280, 300)코를 만든다. 콧수링을 끼우고 코들이 꼬이지 않게 조심하면서 원통뜨기를 할 수 있게 양끝을 연결한다.

1×1 꼬아뜨는 고무뜨기로 6단을 뜬다.

1×4 꼬아뜨는 고무뜨기로 편물이 시작 단부터 5cm가 될 때까지 뜬다.

허리선 만들기

설정단: 설정된 패턴대로 90(100, 110, 120, 130, 140, 150)코를 뜨고 콧수링을 끼워 옆 솔기를 표시하고 끝까지 뜬다.

줄임단 1: ※1코 겉뜨기로 꼬아뜨기, 2코 모아 안뜨기, 콧수링 앞 2코 남을 때까지 설정된 대로 뜨기, 안뜨기에서 오른코 줄이기*, 콧수링 옮기기. ※표한 부분 반복 → 4코가 준다.

설정된 패턴대로 11(11, 11, 9, 9, 9, 7)단을 뜬다.

위의 12(12, 12, 10, 10, 10, 8)단을 2번 더 반복한다.→ 168(188, 208, 228, 248, 268, 288)코가 남는다.

줄임단 2: ※1코 겉뜨기로 꼬아뜨기, 1코 안뜨기방향으로 걸러뜨기, 1코 안뜨기로 꼬아뜨기하듯이 걸러뜨기, 걸러뜬 2코를 다시 왼쪽 바늘로 옮겨 2코 모아 겉뜨기, 콧수링 앞 2코 남을 때까지 패턴대로 뜨기, 1코 안뜨기로 꼬아뜨기하듯이 걸러뜨기, 1코 겉뜨기하듯이 걸러뜨기, 걸러뜬 2코를 다시 왼쪽 바늘로 옮겨 꼬아뜨기로 2코 모아 겉뜨기, 콧수링 옮기기. ※표한 부분 반복. → 164(184, 204, 224, 244, 264, 284)코가 남는다.

설정된 패턴대로 11(11, 11, 9, 9, 9, 7)단을 뜬다.

줄임단 3: ※1코 겉뜨기로 꼬아뜨기, 2코 모아 안뜨기, 콧수링 앞 2코 남을 때까지 패턴대로 뜨기, 안뜨기에서 오른코 줄이기, 콧수링 옮기기. ※표한 부분 반복. → 160(180, 200, 220, 240, 260, 280)코가 남는다.

설정된 패턴대로 3(5, 7, 7, 7, 9, 9)단을 뜨고 옆솔기를 표시한 콧수링을 뺀다.

나뭇잎 무늬 차트의 설정단을 뜬다.→ 192(216, 240, 264, 288, 312, 336)코가 된다.

무늬 차트의 1~18단을 2(2, 2, 2, 2, 2, 3)번 뜬 다음 1~9단을 0(0, 0, 1, 1, 1, 0)번 더 뜬다.

다음 단: 96(108, 120, 132, 144, 156, 168)코 안뜨기, 콧수링 끼워 겨드랑이 표시, 끝까지 안뜨기.

가르기 단: ※콧수링 앞까지 안메리야스뜨기(겉면

뜨개 가이드

1×1 꼬아뜨는 고무뜨기 (콧수: 2의 배수)

모든 단: ※코의 뒤쪽 고리를 통해 1코 겉뜨기(=1코 겉뜨기로 꼬아뜨기), 코의 뒤쪽 고리를 통해 1코 안뜨기(=1코 안뜨기로 꼬아뜨기). ※표한 부분 반복

1×4 꼬아뜨는 고무뜨기 (콧수: 5의 배수)

모든 단: ※1코 겉뜨기로 꼬아뜨기, 4코 안뜨기. ※표한 부분 반복

6.5 (7, 7.5, 8.5, 9, 9.5, 9.5) cm

14.5 (15, 16.5, 17, 18.5, 19, 19.5) cm

16 (18, 20.5, 22, 25, 26.5, 29) cm

2.5 cm

12.5 cm

37 (39.5, 42, 44.5, 47, 48.5, 49.5) cm

3.8 (3.8, 4.5, 5, 5, 5, 5) cm

78 (87.5, 98, 107.5, 117, 127, 136.5) cm

18.5 (19.5, 21, 22, 23.5, 24, 25) cm

36 (37, 37.5, 38, 38, 38.5, 38.5) cm

76 (84.5, 93.5, 101.5, 110, 118.5, 127) cm

단에서 안뜨기, 안면 단에서 겉뜨기), 1코 만들기*, 콧수링 옮기기. ※표한 부분 반복.→ 194(218, 242, 266, 290, 314, 338)코.

앞판에 해당하는 첫 97(109, 121, 133, 145, 157, 169)코를 스티치홀더나 다른 실에 옮겨 쉼코로 둔다. → 뒤판의 97(109, 121, 133, 145, 157, 169)코가 남는다.

뒤판

안메리야스뜨기로 다음과 같이 뒤판을 계속 뜬다.

먼저 안면을 마주 보고 꽈배기식 코 만들기* 방법으로 9(9, 10, 11, 11, 12, 12)코를 만든 다음 1단을 뜨고, 겉면을 마주 보고 똑같이 코를 만들어 1단을 뜬다. → 115(127, 141, 155, 167, 181, 193)코가 된다.

나뭇잎 무늬 차트

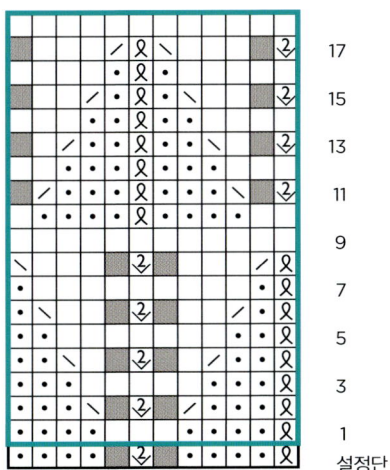

안메리야스뜨기로 3단을 뜬다. 안면 단까지 뜨게 된다.

소맷마루 만들기

설정단: (겉면) 안26(30, 35, 39, 43, 48, 52), 콧수링 끼우기, 안63(67, 71, 77, 81, 85, 89), 콧수링 끼우기, 끝까지 안뜨기.

늘림단: (안면) 콧수링 앞 1코 남을 때까지 겉뜨기, 왼쪽 기울임 1코 만들기*, 겉1, 콧수링 옮기기, 다음 콧수링 앞까지 겉뜨기, 콧수링 옮기기, 겉1, 오른쪽 기울임 1코 만들기*, 끝까지 겉뜨기. → 2코가 는다.

겉면을 마주 보고 안뜨기로 1단을 뜬다.

위의 2단을 2(2, 2, 3, 3, 3, 3)번 더 반복한다. → 121(133, 147, 163, 175, 189, 201)코.

[늘림단 1단, 안메리야스뜨기로 3단 뜨기]를 7(7, 8, 8, 9, 9, 10)번 반복한다. → 135(147, 163, 179, 193, 207, 221)코.

	겉뜨기
·	안뜨기
/	2코 모아 겉뜨기
\	오른코 모아뜨기*
8	겉뜨기로 꼬아뜨기
⌄	다음 1코에서 (겉1, 바늘비우기, 겉1). ※11, 13, 15, 17단에서는 패턴 단위가 끝나면 콧수링을 빼고 1코 안뜨기방향으로 걸러뜨기한 다음 다시 콧수링을 끼운다.
■	코 없음
□	반복 단위

편물이 소매 코를 만든 부분부터 16(17, 18.5, 19.5, 21, 21.5, 22)cm가 될 때까지 안메리야스뜨기로 계속 뜨되, 겉면 단까지 뜨고 멈춘다. 마지막 단을 뜰 때 콧수링을 뺀다.

목둘레선 만들기

설정단: (안면) 겉59(64, 71, 78, 84, 90, 96), 콧수링 끼우기, 겉17(19, 21, 23, 25, 27, 29), 콧수링 끼우기, 끝까지 겉뜨기.

다음 단: (겉면) 첫 번째 콧수링 앞까지 안뜨기, 새 볼의 실을 연결하여 콧수링으로 표시해둔 중심의 17(19, 21, 23, 25, 27, 29)코를 코막음하고, 끝까지 뜬다. → 양쪽에 59(64, 71, 78, 84, 90, 96)코씩 남는다.

다음과 같이 양쪽을 각각 따로 뜬다.

다음 4단: [목둘레선 가장자리까지 뜨기, 반대쪽에서 4코 코막음, 끝까지 뜨기]를 4단 반복. → 4단을 다 뜨면 양쪽에 각 51(56, 63, 70, 76, 82, 88)코씩 남는다.

2단을 그냥 뜬다.

모든 코를 스티치홀더나 다른 실에 옮겨 쉼코로 둔다. 실을 자른다.

앞판

쉼코로 두었던 앞판의 97(109, 121, 133, 145, 157, 169)코를 80cm 줄바늘에 옮긴다. 뒤판의 안면을 마주 본 채, 소매의 겉면이 마주 보이고 소매 코를 만든 부분이 위로 가도록 왼쪽 소매를 뒤로 젖힌 상태에서, 줄바늘의 빈 끝을 가져와 소매 코를 만든 선을 따라 9(9, 10, 11, 11, 12, 12)코를 줍는다.(96쪽 박스 참고) 이어서 안메리야스뜨기로 앞판을 끝까지 뜨고, 뒤판 안면을 마주 본 채 소매의 겉면이 마주 보이고 소매 코를 만든 부분이 위로 가도록 오른쪽 소매를 뒤로 젖혀 소매 코를 만든 선을 따라 9(9, 10, 11, 11, 12, 12)코를 줍는다. → 총 115(127, 141, 155, 167, 181, 193)코.

안메리야스뜨기로 3단을 뜬다. 안면 단까지 뜨게 된다.

소맷마루 만들기

주의: 소맷마루를 만드는 도중에 목둘레선 만들기가 시작되므로, 먼저 다음 부분을 끝까지 읽어본 다음 계속 진행하는 것이 좋다.

소매 코 만들기와 줍기

이 스웨터와 58페이지의 '반팔 카디건'에서는 앞판과 뒤판의 윗부분을 연장하여 소매를 만든다. 풀오버를 뜬든 카디건을 뜬든, 뒤판에서는 우선 진동이 시작되는 제일 아랫부분(겨드랑이)에서 꽈배기식 코 만들기* 방법으로 소매의 코부터 만든다. 그러고는 뒤판과 소매의 뒤쪽 절반을 어깨선까지 떠 올라간 다음 어깨 코들을 스티치홀더에 옮겨둔다. 앞판은 풀오버인지 카디건인지에 따라 만드는 과정이 다르다.

풀오버 앞판: 뒤판의 겉면을 마주 보고 편물의 아래 위를 뒤집어 소매 코 만든 부분이 위쪽으로 가게 한다. 왼쪽 소맷부리부터 시작해서 뒤판의 왼쪽 소매 코를 만들었던 가장자리를 따라 필요한 수만큼 코를 줍는다. 앞판의 겉면을 마주 보고 앞판의 코들을 뜬 다음, 뒤판의 겉면을 마주 보고 편물의 아래 위를 뒤집어 소매 코 만든 부분이 위로 가게 하고 겨드랑이부분부터 시작해서 뒤판 오른쪽 소매의 코 만든 가장자리를 따라 필요한 수만큼 코를 줍는다.

카디건 앞판: 왼쪽 앞판의 겉면 첫 단을 뜰 때는 뒤판 겉면을 마주 보고 편물의 아래 위를 뒤집어 소매 코 만든 부분이 위로 가게 들고, 뒤판의 왼쪽 소맷부리에서 시작해서 뒤판 왼쪽 소매 코를 만든 가장자리를 따라 필요한 수만큼 코를 주운 다음, 왼쪽 앞판 끝까지 이어서 뜬다. 오른쪽 앞판의 겉면 첫 단을 뜰 때는 앞판의 첫 단을 다 뜬 다음, 뒤판 겉면을 마주 보고 편물의 아래 위를 뒤집어 소매 코 만든 부분이 위로 가게 들고, 겨드랑이 부분부터 시작해서 뒤판 오른쪽 소매의 코 만든 가장자리를 따라 필요한 수만큼 코를 줍는다.

설정단: (겉면) 안26(30, 35, 39, 43, 48, 52), 콧수링 끼우기, 안63(67, 71, 77, 81, 85, 89), 콧수링 끼우기, 끝까지 안뜨기.

늘림단: (안면) 콧수링 앞 1코 남을 때까지 겉뜨기, 왼쪽 기울임 1코 만들기, 겉1, 콧수링 옮기기, 다음 콧수링 앞까지 겉뜨기, 콧수링 옮기기, 겉1, 오른쪽 기울임 1코 만들기, 끝까지 겉뜨기. → 2코가 는다.

겉면을 마주 보고 안뜨기로 1단을 뜬다.

위의 2단을 2(2, 2, 3, 3, 3, 3)번 더 반복한다. → 121(133, 147, 163, 175, 189, 201)코.

[늘림단 1단, 안메리야스뜨기로 3단] 뜨기를 7(7, 8, 8, 9, 9, 10)번 반복하면서, 동시에 소매가 겨드랑이 코를 만든 부분부터 5.5(7, 8.5, 9.5, 11, 11.5, 12)cm가 되었을 때 겉면 단까지 뜬 다음, 다음과 같이 목둘레선을 만든다.

목둘레선 만들기

설정단: (안면) 전체 겉뜨기하면서 가운데 7(9, 11, 13, 15, 17, 19)코의 양쪽 가장자리에 콧수링을 끼운다.

다음 단: (겉면) 소맷마루 만드는 과정을 계속하면서 첫 번째 목선 콧수링 앞까지 뜬 다음, 새 실을 연결하여 표시해두었던 가운데 7(9, 11, 13, 15, 17, 19)코를 코막음하고 끝까지 계속 뜬다.

소맷마루 만들기를 계속하면서 양쪽 목선을 다음과 같이 만든다.

다음 4단: [목둘레선 가장자리까지 뜨기, 반대쪽에서 3코 코막음, 끝까지 뜨기]를 4단 반복.

줄임단: (안면) 목둘레선 가장자리 앞 3코 남을 때까지 뜨기, 2코 모아 겉뜨기, 겉1. 반대쪽에서 겉1, 오른코 모아뜨기, 끝까지 뜨기. → 양쪽에서 각 1코씩 준다.

겉면을 마주 보고 안뜨기로 1단을 뜬다.

위의 2단을 6번 더 반복한다.

소매가 겨드랑이 코 만든 부분부터 18.5(19.5, 21, 22, 23.5, 24, 25)cm가 될 때까지 안메리야스뜨기로 계속 뜬다. → 모양 만들기가 모두 끝나면 양쪽에 각 51(56, 63, 70, 76, 82, 88)코씩 남는다.

어깨선 연결

쉼코로 두었던 뒤판의 한쪽 어깨선 51(56, 63, 70, 76, 82, 88)코를 바늘에 옮긴다. 앞판과 뒤판을 서로 겉면이 마주 닿도록 평행으로 들고 바늘 3개를 이용한 코막음* 방법으로 솔기가 안면으로 가도록 코들을 함께 코막음한다. 반대쪽 어깨도 같은 방법으로 연결한다.

마무리

치수에 맞추어 블로킹*한다.

목둘레선 정리

40cm 줄바늘을 가지고 겉면을 마주 본 채 오른쪽 어깨솔기부터 시작해서 목둘레선을 따라 코가 고루 나뉘도록(대략 4단에 3코, 코막음한 1코 당 1코씩) 96(100, 104, 108, 112, 116, 120)코를 줍는다.

콧수링을 끼우고 원통뜨기를 할 수 있도록 양끝을 연결한다. 1×1 꼬아뜨는 고무뜨기로 6단을 뜬다.

패턴대로 모든 코를 코막음한다.

소매 정리

양끝이 뾰족한 막대바늘들을 가지고 겉면을 마주 본 채 소매 아래쪽에서 시작하여 소매 둘레를 따라 코가 고루 나뉘도록(대략 4단에 3코씩) 80(86, 92, 98, 104, 110, 116)코를 줍는다.

콧수링을 끼우고 원통뜨기를 할 수 있도록 양끝을 연결한다. 1×1 꼬아뜨는 고무뜨기로 6단을 뜬다.

패턴대로 모든 코를 코막음한다.

남은 실꼬리들을 편물에 엮어 넣어 정리한다.

Fair Isle Pattern Sweater
페어아일 무늬 스웨터

이 풀오버 스웨터는 먼저 임시 코를 만들어 고무뜨기로 뒤쪽 몸통과 소매를 뜨기 시작해서, 요크와 소매를 이어 뜨고, 동시에 몇 번의 코줄임과 늘림을 이용해 소맷마루 모양을 만든 다음 앞판 몸통까지 떠 내려간다. 소매의 코들은 바늘 3개를 이용한 코막음* 방법으로 연결하고, 원통뜨기로 뜨는 몸판에는 짜임과 색상이 무난하게 조화를 이룬 비교적 단순한 페어아일 무늬를 넣었다.

완성 사이즈
가슴둘레 약 81.5(91.5, 101, 111, 121.5, 131, 141)cm
견본 사이즈 91.5cm

실
굵기: 병태사 (DK)
견본에 사용한 실: Amy Butler사의 Belle Organic DK(유기농 울 50%, 유기농 면 50%, 119m/50g) 색상기호 #05 basil (A) 6(7, 8, 8, 9, 10, 10)볼, #17 zinc(B) 3(3, 3, 3, 4, 4, 4)볼, #15 slate(C) 3(3, 3, 4, 4, 4, 4)볼

바늘
고무뜨기: 3.5mm 40cm 줄바늘, 3.5mm 100cm 줄바늘 2개
페어아일 무늬: 3.75mm 80cm 줄바늘
게이지가 정확히 맞지 않으면 바늘 굵기를 바꿔서 조정한다.

기타 준비물
임시 코 만들기에 쓸 4mm 코바늘과 다른 실, 콧수링, 돗바늘

게이지
3.5mm 바늘로 2코 고무뜨기했을 때 21코 33단=사방 10cm
3.75mm 바늘로 페어아일 무늬를 떴을 때 24.5코 28단=사방 10cm

소매와 몸통

3.5mm 100cm 줄바늘과 다른 실, 코바늘을 가지고 코바늘을 이용한 임시 코 만들기* 방법으로 280(296, 312, 320, 328, 344, 352)코를 만든다. 양끝은 연결하지 않고, 다음과 같이 단면뜨기를 한다.

A 색상 실로 겉면 단에서 겉뜨기로 1단을 뜬 다음, 2코(겉2, 안2) 고무뜨기(뜨개 가이드)로 2단을 뜬다.

뜨개 가이드

단면뜨기로 뜨는 겉뜨기 2코, 안뜨기 2코 고무뜨기 (콧수: 4의 배수)

1단: (안면) 안3, ※겉2, 안2. 마지막 1코 남을 때까지 ※표한 부분 반복, 안1.

2단: (겉면) 겉3, ※안2, 겉2. 마지막 1코 남을 때까지 ※표한 부분 반복, 겉1.

원통뜨기로 뜨는 겉2, 안2 고무뜨기 (콧수: 4의 배수)

모든 단: ※겉2, 안2. ※표한 부분 반복

주의

═══ 페어아일 무늬는 앞판과 뒤판 똑같이 뜬다.

═══ 페어아일 무늬가 매끄럽게 연결되지 않는 옆선 솔기에는 1코 안뜨기를 해서 솔기 모양을 낸다.

설정단: (안면) 안1, [안2, 겉2] 27(29, 30, 31, 31, 33, 33)번, 콧수링 끼우기, 안2, [겉2, 안2] 15(15, 17, 17, 19, 19, 21)번, 콧수링 끼우기, [겉2, 안2] 27(29, 30, 31, 31, 33, 33)번, 안1.

사이즈에 따라 다음과 같이 계속 뜬다.

사이즈 81.5(91.5, 101, 111, 131)cm

늘림단: (겉면) 설정된 패턴을 유지하며 콧수링 앞까지 뜬 다음, 코 모양에 따라 1코 만들기* 또는 안뜨기에서 1코 만들기*를 한다. 콧수링 옮기고 다음 콧수링 앞까지 뜨기, 콧수링 옮기기, 코 모양에 따라 1코 만들기 또는 안뜨기방향으로 1코 만들기한다. 설정된 패턴대로 끝까지 뜬다. → 2코가 는다.

설정된 패턴대로 3단을 더 뜬다.

새로 늘린 코들도 고무뜨기 패턴대로 뜨면서, 위의 4단을 2(3, 1, 2, 1)번 더 반복한다. 안면 단까지 뜨게 된다. → 286(304, 316, 326, 348)코.

사이즈 121.5(141)cm

모든 사이즈에 해당하는 다음 단계로 바로 넘어간다.

모든 사이즈

늘림단: (겉면) 설정된 패턴대로 콧수링 앞까지 뜬 다음, 코 모양에 따라 1코 만들기 또는 안뜨기에서 1코 만들기, 콧수링 옮기기, 1코 만들기 또는 안뜨기에서 1코 만들기, 끝까지 뜨기. → 2코가 는다.

패턴대로 1단을 뜬다.

위의 2단을 11(10, 16, 15, 22, 20, 26)번 반복한 다음, 늘림단만 1번 더 뜬다. → 312(328, 352, 360, 376, 392, 408)코.

목둘레선 나누기

안면을 마주 보고 설정된 패턴대로 첫 번째 콧수링 앞까지 뜨고, 콧수링을 옮기고, 10(10, 14, 14, 18, 18, 22)코를 뜬 다음, 새 볼의 실을 연결하여 42코를 코막음하고 끝까지 뜬다. → 양쪽에 각 135(143, 155, 159, 167, 175, 183)코가 남는다.

설정된 패턴대로 양쪽을 각각 따로 뜨면서 8단을 뜬다. 안면 단까지 뜨게 된다.

소맷마루 만들기

줄임단: (겉면) 설정된 패턴대로 콧수링 앞 2코 남을 때까지 뜬다. 겉뜨기 코일 경우 오른코 모아뜨기* 또는 안뜨기 코일 경우 안뜨기에서 오른코 줄이기*를 한다. 콧수링 옮기기, 다음 콧수링 앞까지 뜨기, 콧수링 옮기기, 코 모양에 따라 2코 모아 겉뜨기 또는 2코 모아 안뜨기, 끝까지 뜨기. → 양쪽에 1코씩 준다.

패턴대로 1단을 뜬다.

위의 2단을 9(11, 11, 13, 14, 16, 18)번 반복한다. → 양쪽에 125(131, 143, 145, 152, 158, 164)코씩 남는다.

사이즈에 따라 다음과 같이 계속 뜬다.

사이즈 81.5(101, 111, 121.5, 131, 141)cm

목둘레선 연결 단: (겉면) 콧수링 앞에 2코 남을 때까지 설정된 패턴대로 뜬다. 코 모양에 따라 오른코 모아뜨기 또는 안뜨기에서 오른코 줄이기, 콧수링 옮기기, 목둘레선 가장자리까지 뜨기, 편물을 돌려 안면을 마주 보고 꽈배기식 코 만들기 방법*으로 42코를 만든 다음, 편물을 돌려 겉면을 마주 보고 다음 콧수링 앞까지 뜬다. 콧수링 옮기기, 코 모양에 따라 2코 모아 겉뜨기 또는 2코 모아 안뜨기하고, 끝까지 뜬다. → 290(326, 330, 344, 356, 368)코.

구

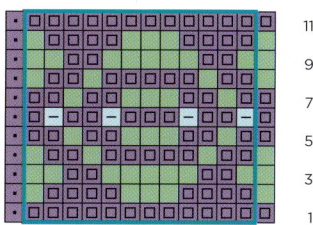

물결 A

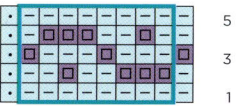

물결 B

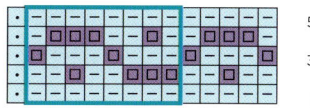

- A실로 겉뜨기
- B실로 겉뜨기
- B실로 안뜨기
- C실로 겉뜨기
- C실로 안뜨기
- 반복 단위

설정된 패턴대로 1단을 뜬다.

줄임단: (겉면) 콧수링 앞 2코 남을 때까지 뜬다. 코 모양에 따라 오른코 모아뜨기 또는 안뜨기에서 오른코 줄이기, 콧수링 옮기기, 다음 콧수링 앞까지 뜨기, 콧수링 옮기기, 코 모양에 따라 2코 모아 겉뜨기 또는 2코 모아 안뜨기, 끝까지 뜨기. → 2코가 준다.

설정된 패턴대로 1단을 뜬다.

위의 2단을 0(3, 0, 6, 2, 6)번 더 뜬다. → 288(318, 328, 330, 350, 354)코가 남는다.

사이즈 91.5cm

목둘레선 연결 단: (겉면) 설정된 패턴대로 목선 가장자리까지 뜬 다음 편물을 돌려 안면을 마주 보고 꽈배기식 코 만들기 방법*으로 42코를 만들고, 다시 편물을 돌려 겉면을 마주 보고 끝까지 뜬다. → 304코

설정된 패턴대로 1단을 뜬다.

모든 사이즈

줄임단: (겉면) 콧수링 앞 2코 남을 때까지 뜬 다음, 코 모양에 따라 오른코 모아뜨기 또는 안뜨기에서 오른코 줄이기, 콧수링 옮기기, 다음 콧수링 앞까지 뜨기, 콧수링 옮기기, 코 모양에 따라 2코 모아 겉뜨기 또는 2코 모아 안뜨기, 끝까지 뜨기. → 2코가 준다.

설정된 패턴대로 3단을 뜬다.

위의 4단을 3(3, 2, 3, 0, 2, 0)번 반복한다. →

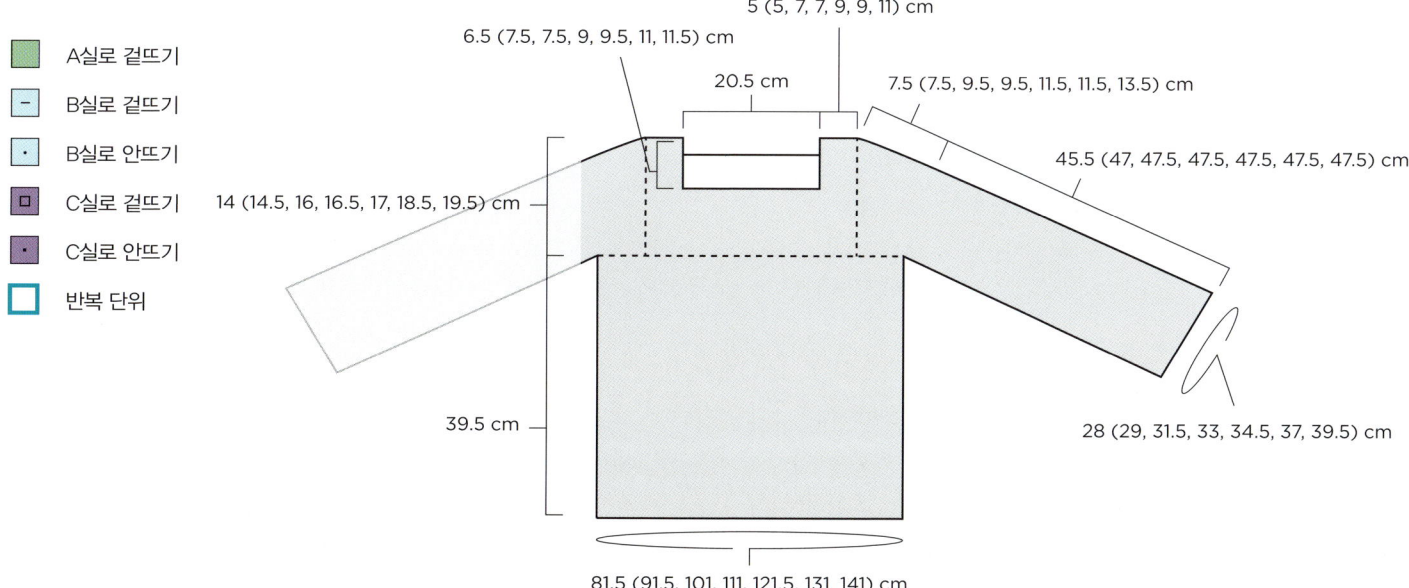

280(296, 312, 320, 328, 344, 352)코가 남는다.

겉면을 마주 보고 설정된 패턴대로 1단을 뜨면서 콧수링을 모두 뺀다.

소매 솔기 연결

안면을 마주 본 채, 임시 코를 걸어두었던 실을 조심스럽게 풀어내고 임시 코 280(296, 312, 320, 328, 344, 352)코를 또 하나의 3.5mm 100cm 줄바늘에 옮긴다. 꽂았다 뺄 수 있는 핀 모양의 단수링을 가지고 첫 95(97, 99, 99, 98, 99, 98)코 다음에 표시를 하고, 마지막 95(97, 99, 99, 98, 99, 98)코 앞에 표시를 한다. → 두 콧수링 사이에는 90(102, 114, 122, 132, 146, 156)코가 있다. 소매의 겉면이 서로 마주 닿도록(솔기가 안면에 생기도록) 두 바늘을 평행으로 잡고, 바늘 3개를 이용한 코막음* 방법으로 95(97, 99, 99, 98, 99, 98)코를 함께 연결한다(마지막 코를 연결할 때는 각 바늘에서 1코씩을 뜨는 것이 아니라 앞면 쪽에서만 1코를 떠서 코막음한다). 코막음하고 남은 마지막 1코는 3.75mm 줄바늘에 옮기고 이어서 앞판의 코들을 콧수링 앞까지 뜬 다음, 콧수링을 끼워 앞판과 뒤판 사이를 표시하고 뒤판에 해당하는 90(102, 114, 122, 132, 146, 156)코를 3.75mm 바늘의 반대쪽 끝에 옮겨서 둔다. 다시 3.5mm 바늘로 나머지 소매의 95(97, 99, 99, 98, 99, 98)코를 바늘 3개를 이용한 코막음으로 연결한다. 코막음한 끝부분의 남은 코는 매듭지어 고정한다. → 몸판의 180(204, 228, 244, 264, 292, 312)코가 남는다.

몸판

겉면을 마주 보고 3.75mm 줄바늘에 콧수링을 끼운 다음, A실을 뒤판의 코가 시작되는 부분에 원통뜨기로 뜰 수 있도록 연결한다.

참고: 겨드랑이 부분에 구멍이 생기는 것을 막으려면, 첫 단을 뜰 때 양쪽 겨드랑이에서 1~2코를 주웠다가 다음 단에서 줄이면 된다.

늘림단: ※[겉12(12, 15, 11, 10, 13, 12), 1코 만들기] 1(1, 1, 3, 1, 1,)번, [겉11(13, 14, 10, 9, 12, 11), 1코 만들기] 6(6, 6, 10, 8, 10, 12)번, [겉12(12, 15, 11, 10, 13, 12), 1코 만들기] 1(1, 1, 3, 1, 1)번, 콧수링 옮기기. ※표한 부분 1번 반복. → 앞판과 뒤판에 각 98(110, 122, 134, 146, 158, 170)코씩 총 196(220, 244, 268, 292, 316, 340)코.

물결무늬 설정: ※콧수링 앞까지 물결 A(B, A, B, A, B, A) 차트의 1단대로 뜬다. 콧수링을 옮긴다. ※표한 부분 1번 반복.

설정된 패턴대로 4단을 뜬다.

구 무늬 설정: ※콧수링 앞까지 구 무늬 차트의 1단을 뜬다. 콧수링을 옮긴다. ※표한 부분 1번 반복.

설정된 패턴대로 10단을 뜬다.

위의 16단을 5번 더 뜬 다음, 물결 A(B, A, B, A, B, A) 차트의 1~5단을 뜬다.

다음 단: 실 A와 3.5mm 줄바늘로 겉뜨기한다.

2코 고무뜨기로 6단을 뜬다. 모든 코를 패턴대로 코막음한다.

마무리

남은 실꼬리를 편물에 엮어 감추고, 치수에 맞춰 블로킹*한다.

목둘레선 테두리

3.5mm 40cm 줄바늘을 가지고 겉면을 마주 본 채 뒤판의 목선 오른쪽 끝에서부터 뒤판 ※목둘레선을 따라 44코(코막음된 1코당 1코씩, 양쪽 가장자리에 1코씩)를 줍고, 콧수링을 끼우고, 목둘레 옆선을 따라 코가 고루 나뉘도록 20(24, 24, 28, 28, 32, 36)코를 줍고, 콧수링을 끼운다. 앞 목둘레선과 나머지 목둘레 옆선을 따라 ※표한 부분을 반복한다. → 128(136, 136, 144, 144, 152, 160)코.

설정단: [2코 모아 안뜨기, 안1, 겉2, ※안2, 겉2. 콧수링 앞 3코 남을 때까지 ※표한 부분 반복, 안1, 안뜨기에서 오른코 줄이기, 콧수링 옮기기] 4번 → 8코가 준다.

설정된 패턴대로 1단을 뜬다.

줄임단: ※코 모양에 따라 2코 모아 안뜨기 또는 2코 모아 겉뜨기, 콧수링 앞 2코 남을 때까지 패턴대로 뜨기, 코 모양에 따라 안뜨기에서 오른코 줄이기 또는 오른코 모아뜨기. ※표한 부분 3번 반복. → 8코가 준다.

위의 2단을 2번 더 뜬다. → 96(104, 104, 112, 112, 120, 128)코가 남는다.

모든 코를 패턴대로 코막음한다.

Wave Pattern Tunic
물결무늬 튜닉

정말 부드러운 이 튜닉은 구조가 조금 독특하다. 먼저 꽈배기와 공작깃털모양으로 이루어진 외우기 쉬운 레이스 무늬로 몸판과 소매를 따로 뜬다. 그런 다음 소매는 몸판의 진동부분에서 옆에 위치를 잡아 코를 줄여가며 몸판과 연결하고, 목 뒤쪽은 소매 뒤쪽을 따라 코를 줄여가며 떠 올라간다. 나머지 요크 부분은 래글런 형태로 원통 뜨기로 뜬 다음 목선에서 코막음한다.

완성 사이즈

가슴둘레 약 69(80.5, 92, 103.5, 115, 126.5, 138.5)cm
견본 사이즈는 92cm

실

굵기: 합태사(Sportweight)
견본에 사용한 실: Fibre Company 사의 Road to China Light (베이비 알파카 65%, 실크 15%, 캐멀 10%, 캐시미어 10%, 145m/50g) 색상기호 autumn jasper, 6(8, 9, 10, 11, 12, 14)볼

바늘

몸판과 소매: 3.5mm 60cm 줄바늘, 양끝이 뾰족한 막대바늘 4~5개
뒤판과 요크: 2.25mm 80cm 줄바늘
게이지가 정확히 맞지 않으면 바늘 굵기를 바꿔서 조정한다.

기타 준비물

꽈배기바늘, 콧수링, 스티치홀더 또는 다른 실, 돗바늘.

게이지

3.5mm 바늘로 원통뜨기로 레이스무늬를 떴을 때 30코 28단=사방 10cm
2.25mm 바늘로 원통뜨기로 가터뜨기를 했을 때 28코 42단=사방 10cm

몸판

3.5mm 바늘로 기본 코 만들기* 방법으로 204(238, 272, 306, 340, 374, 408)코를 만든다. 코들이 꼬이지 않도록 조심하며, 원통뜨기로 가터뜨기를 하도록 양끝을 연결하여* 연결부위가 겉면으로 오게 한다. 콧수링을 끼워 단의 시작 부분을 표시한다.

겉뜨기로 1단, 안뜨기로 1단, 겉뜨기로 1단을 뜬다.

레이스 차트의 1~8단을 파란 선으로 표시된 단위만 반복하면서 16번을 뜬 다음, 1~6단까지만 1번 더 뜬다. → 편물의 길이가 시작 단부터 약 49.5cm가 된다.

늘림단: 앞뒤로 겉뜨기해 1코 늘리기*를 해서 코를 늘리고, 그렇게 만들어진 2코 사이에 콧수링을 끼운다. ※[바늘비우기, 겉1] 2번, 바늘비우기, [오른코 모아뜨기*] 3번, [2코 모아 겉뜨기] 3번, [바늘비우기, 겉1] 2번, 바늘비우기, 겉1; ※표한 부분을 5(6, 7, 8, 9, 10, 11)번 더 반복하되, 마지막에는 끝의 겉뜨기 1코 앞에서 멈춘다.※※ 겉뜨기로 꼬아뜨기를 하고 그렇게 해서 만들어진 2코 사이로 콧수링을 옮긴다. ※부터 ※※까지 사이를 1번 더 반복한다. → 앞판과 뒤판에 각 103(120, 137, 154, 171, 188, 205)코씩 총 206(240, 274, 308, 342, 376, 410)코.

실을 자르고 따로 둔다.

소매

3.5mm 막대바늘을 가지고 기본 코 만들기* 방법으로 85(102, 102, 119, 119, 119, 136)코를 만든다. 원통뜨기를 하도록 양끝을 연결하고 콧수링을 끼운다.

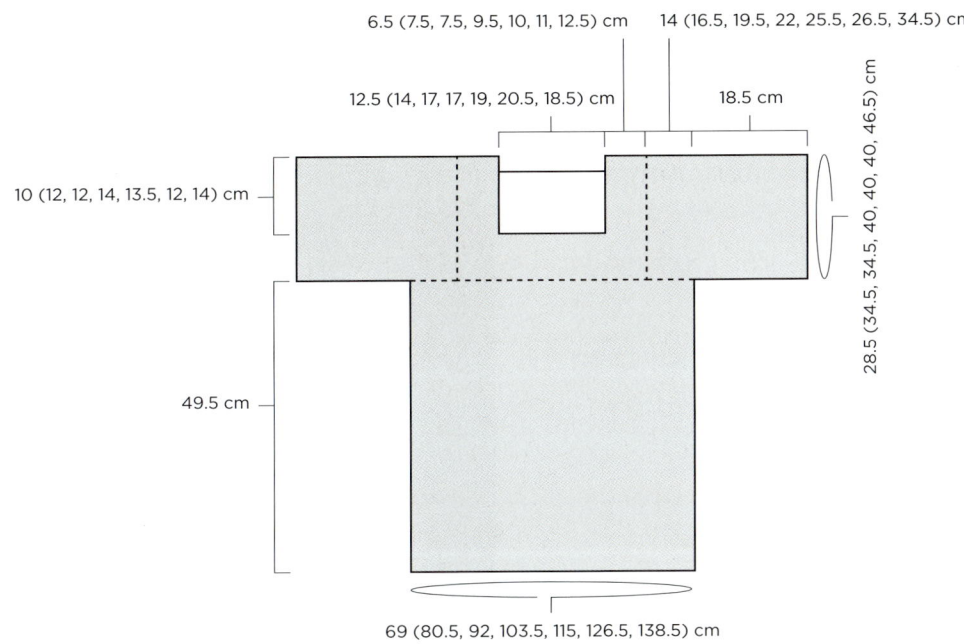

겉뜨기로 1단, 안뜨기로 1단, 겉뜨기로 1단을 뜬다.

레이스 차트의 1~8단을 파란 선으로 표시된 단위만 반복하면서 6번 뜬다.→ 편물의 길이가 시작 단부터 약 18.5cm가 된다.

같은 방법으로 소매를 하나 더 뜬다.

몸판과 소매 연결

설정단: (겉면) 겉면을 마주 본 채 몸판 코들 사이에서 단 시작을 표시한 콧수링을 빼고, 소매의 85(102, 102, 119, 119, 136)코를 다음과 같이 뜬다.

1코 겉뜨기, 콧수링 다시 끼우기, 레이스 차트의 1단을 소매가 끝나는 부분까지 뜨기, 콧수링 다시 끼우기, 몸판 마지막 코의 한 단 아래 코에서 1코 주워 코를 만들어 왼쪽 바늘 끝에 옮긴 다음 몸판 첫 코와 함께 2코 모아 겉뜨기(겨드랑이 부분에 구멍 생기는 것 방지)하고 편물을 돌린다. → 소매의 두 콧수링 사이에 84(101, 101, 118, 118, 135)코.

참고: 처음 몇 단은 줄바늘과 양쪽 막대바늘을 함께 사용하면 돌리기가 쉽다.

단면으로 사선 되돌아뜨기로 소매를 계속 뜨면서, 다음과 같은 방법으로 소매의 마지막 코를 몸판에 연결한다.

사선 되돌아뜨기 1: (안면) 실을 편물 앞쪽에 두고 안뜨기하듯이 1코 걸러뜨기, 콧수링 옮기기, 다음 콧수링 앞까지 차트대로 뜨기, 콧수링 옮기기, (소매의 마지막 코와 몸판의 다음 코로) 안뜨기에서 오른코 줄이기*, 편물 돌리기. → 몸판의 1코가 준다.

사선 되돌아뜨기 2: (겉면) 실을 편물 뒤쪽에 두고

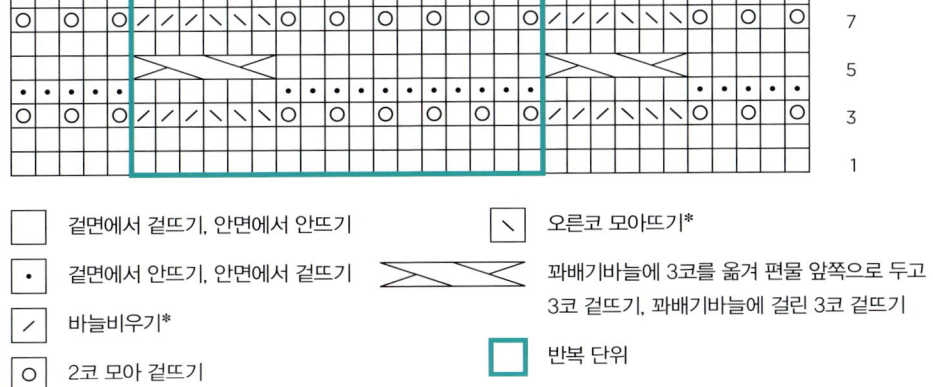

안뜨기하듯이 1코 걸러뜨기, 콧수링 옮기기, 다음 콧수링 앞까지 차트대로 뜨기, 콧수링 옮기기, (소매의 마지막 코와 몸판의 다음 코로) 2코 모아 겉뜨기, 편물 돌리기. → 몸판의 1코가 준다.

위의 사선 되돌아뜨기 1, 2를 17(21, 25, 29, 33, 37, 45)번 더 반복한 다음, 사선 되돌아뜨기 1만 1번 더 뜬다. 안면에 해당하는 무늬 차트의 6단까지 뜨게 된다. 첫 번째 콧수링을 오른쪽으로 1코 옮기고, 두 번째 콧수링은 왼쪽으로 1코 옮긴다. → 앞판과 뒤판에 각 84(97, 110, 123, 136, 149, 158)코, 소매의 두 콧수링 사이에 86(103, 103, 120, 120, 120, 137)코. 먼저 뜬 소매에서 실을 자르고, 두 번째 소매의 실은 그대로 둔다.

몸판의 코들 절반을 걸러뜨기해서, 몸판 옆선을 표시한 콧수링이 바늘 끝으로 오게 한다. 두 번째 소매를 옆선 콧수링 위치를 중심으로 잡아 위와 같은 방법으로 뜨되, 마지막의 안면 단을 끝낸 다음 편물을 돌리지 않는다. → 앞판과 뒤판에 각 65(74, 83, 92, 101, 110, 111)코, 소매의 두 콧수링 사이에 86(103, 103, 120, 120, 120, 137)코. 몸판과 소매 사이의 콧수링은 빼지 않고 그대로 둔다.

뒤판

뒤판 목둘레는 가터뜨기로 뜨면서 동시에 다음과 같은 방법으로 소매의 사선 되돌아뜨기 단마다 끝부분에서 코를 줄이며 모양을 만든다.

2.25mm 줄바늘로 바꾼다.

설정단: (안면) 실을 편물 앞쪽에 두고 안뜨기방향으로 1코(소매의 마지막 코) 걸러뜨기, 콧수링 빼기, 겉1, 콧수링 끼우기, 다음 콧수링 앞 1코 남을 때까지 뒤판 코 겉뜨기, 콧수링 끼우기, 안뜨기에서 오른코 줄이기*하면서 다음 콧수링 빼기, 편물 돌리기. → 오른쪽 소매에서 1코가 준다.

콧수링들은 뒤판 양쪽 가장자리에서 1코 안쪽에 걸려 있다. → 뒤판 콧수링들 사이에 63(72, 81, 90, 99, 108, 109)코.

사선 되돌아뜨기 1: (겉면) 실을 편물 뒤쪽에 두고 안뜨기하듯이 1코 걸러뜨기, 콧수링 옮기기, 다음 콧수링 앞까지 겉뜨기, 콧수링 옮기기, 2코 모아 겉뜨기, 편물 돌리기.→ 왼쪽 소매에서 1코 준다.

사선 되돌아뜨기 2: (안면) 실을 편물 앞쪽에 두고 안뜨기하듯이 1코 걸러뜨기, 콧수링 옮기기, 다음 콧수링 앞까지 겉뜨기, 콧수링 옮기기, 안뜨기에서 오른코 줄이기, 편물 돌리기.→ 오른쪽 소매에서 1코 준다.

손염색 실로 작업하기

손염색을 한 털실은 염색과정에서 생기는 차이 때문에 대개 볼마다 조금씩 색조가 다르다. 줄무늬를 뜰 때처럼 두 볼을 번갈아 뜨면 새 볼로 바꿨을 때 색깔 차이가 미묘하지만 분명히 드러나는 것을 방지할 수 있다. 단면으로 뜰 경우 2단마다 번갈아가면서 가장자리에서 다른 실을 끌어올려 바꿔 뜬다. 원통뜨기를 할 때는 1단이나 2단을 뜨고 나서 '솔기'에 해당하는 단의 시작 부분에서 실을 바꿔 번갈아 뜬다. 이렇게 하면 색깔의 미묘한 변화가 더 넓은 부분으로 확산되어 잘 드러나지 않게 된다.

위의 사선 되돌아뜨기 1, 2를 14(17, 17, 22, 20, 17, 21)번 반복한 다음, 사선 되돌아뜨기 1만 1번 더 뜨되 마지막 단을 뜬 다음에는 편물을 돌리지 않는다. 뒤판의 오른쪽 콧수링을 오른쪽으로 1코 옆자리로 옮기고 왼쪽 콧수링을 왼쪽으로 1코 옆자리로 옮긴다. 이제 왼쪽 콧수링이 원통뜨기의 시작 위치가 된다.→ 앞판과 뒤판에 각 65(74, 83, 92, 101, 110, 111)코, 양 소매에 각 70(84, 84, 96, 98, 101, 114)코로 총 270(316, 334, 376, 398, 422, 450)코가 남는다.

요크

겉면을 마주 보고 원통뜨기를 하도록 양끝을 연결한다.

안뜨기로 1단을 뜬다.

줄임단: ※2코 모아 겉뜨기, 콧수링 앞 2코 남을 때까지 겉뜨기, 오른코 모아뜨기, 콧수링 옮기기. ※표한 부분 반복. → 8코가 준다.

위의 2단을 14(17, 17, 21, 23, 26, 29)번 더 반복한다. → 앞판과 뒤판에 각 35(38, 47, 48, 53, 56, 51)코씩, 양 소매에 각 40(48, 48, 52, 50, 47, 54)코씩 총 150(172, 190, 200, 206, 206, 210)코가 남는다.

모든 코를 안뜨기방향으로 느슨하게 코막음한다.

마무리

남은 실꼬리를 편물에 엮어 정리한다. 시작 단의 가리비 모양이 살도록 핀으로 모양을 잡으면서 치수에 맞추어 블로킹*한다.

Ring Pattern Cotton Bolero
고리무늬 면 볼레로

이 옷은 어느 더운 여름날 사무실의 에어컨 바람에 한기를 느껴 구상했다. 뭔가 어깨를 감싸 냉기를 막아줄 것이 필요했는데, 동시에 따뜻한 실외에서도 입을 수 있도록 바람이 잘 통했으면 싶었다. 이 레이스 무늬의 면 볼레로가 두 조건을 다 만족시켰다. 오른쪽 소매 끝부터 뜨기 시작해서 등을 거쳐 왼쪽 소매까지 만드는 방식으로, 다소 어려운 감이 있지만 완성하면 그만큼 큰 보람을 느낄 수 있다.

완성 사이즈
가슴둘레 약 77.5(90, 98, 108, 118, 128.5, 138.5)cm
견본 사이즈는 90cm

실
굵기: 태사(Aran)
견본에 사용한 실: Debbie Bliss 사의 Eco Aran Fair Trade (유기농 면 100%, 75m/50g) 색상기호 #622 teal, 8(8, 9, 9, 10, 10, 11)볼

바늘
소매 이랑: 5mm 양쪽이 뾰족한 막대바늘 5개
소매와 몸판 레이스: 5.5mm 80cm 줄바늘과 양쪽이 뾰족한 막대바늘 5개
테두리: 5.5mm 100cm 줄바늘
게이지가 정확히 맞지 않으면 바늘 굵기를 바꿔서 조정한다.

기타 준비물
콧수링, 스티치홀더나 다른 실, 지름 2.5cm 단추 1개

게이지
5.5mm 바늘을 가지고 단면뜨기로 레이스 무늬를 떴을 때 17코 24단=사방 10cm

5mm 바늘을 가지고 단면뜨기로 소매 이랑을 떴을 때 18코 27단=사방 10cm

주의: 이 볼레로를 몸에 잘 맞게 만들려면 단수 게이지를 정확히 아는 게 중요하다. 단수 게이지 체크 참조.

오른쪽 소매

5mm 막대바늘을 가지고 기본 코 만들기* 방법으로 49(49, 55, 55, 55, 61, 61)코를 만든다. 코들이 꼬이지 않도록 조심하면서 안메리야스뜨기로 원통뜨기를 하도록 양끝을 연결한다*. 콧수링을 끼워 단 시작 부분을 표시한다.

안뜨기로 4단을 뜨고, 이랑 무늬(뜨개 가이드)로 32단을 뜬다. 겉뜨기로 2단을 뜬다.

5.5mm 막대바늘로 바꿔서, 레이스 차트에 사이즈별로 표시된 시작과 끝부분에 맞춰 차트의 1~4단을 뜬다.

늘림단: 겉1, 1코 만들기*, 1코 남을 때까지 패턴대로 뜨기, 1코 만들기, 겉1. → 2코가 는다.

설정된 패턴대로 7(3, 7, 5, 3, 5, 3)단을 뜬다.

위의 8(4, 8, 6, 4, 6, 4)단을 4(1, 4, 3, 2, 6, 5)번 더 반복한다. → 59(53, 65, 63, 61, 75, 73)코

사이즈에 따라 다음과 같이 진행한다.

사이즈 90(108, 118, 128.5)cm

늘림단을 반복하고, 설정된 패턴대로 5(7, 5, 5)단을 뜬다.

위의 6(8, 6, 6)단을 4(1, 4, 2)번더 반복한다. → 63(67, 71, 79)코.

모든 사이즈

설정된 패턴대로 4(6, 4, 4, 2, 2, 2)단을 뜬다. 무늬 차트의 12단까지 뜨게 된다. → 59(63, 65, 67, 71, 75, 79)코. 편물의 길이가 시작 단부터 약 35cm가 된다.

몸판

꽈배기식 코 만들기* 방법으로 30(30, 36, 36, 42, 42, 42)코를 만든다.

연결단: (겉면) 새로 만든 코들 겉뜨기, 소매 코들 설정된 패턴대로 뜨기, 새로 만든 코 가장자리를 따라 30(30, 36, 36, 42, 42, 42)코 줍기.→ 총 119(123, 137, 139, 155, 159, 163)코

바늘 하나에 편하게 걸기에 콧수가 너무 많다면 줄바늘 2개를 사용해서 뜬다. 이제부터 단면으로 차트의 무늬를 뜨되, 양쪽 가장자리 2코씩은 메리야스뜨기(겉면에서 겉뜨기, 안면에서 안뜨기)로 한다.

레이스 차트의 안면에 해당하는 단을 1단 뜬다.

다음 단: (겉면: 앞판에서 1코 줄이고, 뒤판에서 1코 늘림) 2코 모아 겉뜨기, 설정된 패턴대로 마지막 1코 남을 때까지 뜨기, 1코 만들기, 겉1.

설정된 패턴대로 3단을 뜬다.

위의 4단을 1(3, 4, 3, 4, 5, 3)번 더 반복한다.

사이즈에 따라 다음과 같이 진행한다.

사이즈 90cm

다음 단: (겉면: 앞판에서 1코 줄이고, 뒤판에서 1코 늘림) 2코 모아 겉뜨기, 마지막 1코 남을 때까지 설정된 패턴대로 뜨기, 1코 만들기, 겉1.

설정된 패턴대로 안면을 보고 1단 뜬다.

줄임단: (겉면) 2코 모아 겉뜨기, 설정된 패턴대로 끝까지 뜨기. → 앞판에서 1코 준다.

설정된 패턴대로 안면을 보고 1단을 뜬다.

위의 4단을 1번 더 반복한다. → 121코가 남는다.

뜨개 가이드

이랑 무늬(콧수 상관없음)

1~4단: 겉뜨기

5~8단: 안뜨기

1~8단을 반복하여 무늬를 만든다.

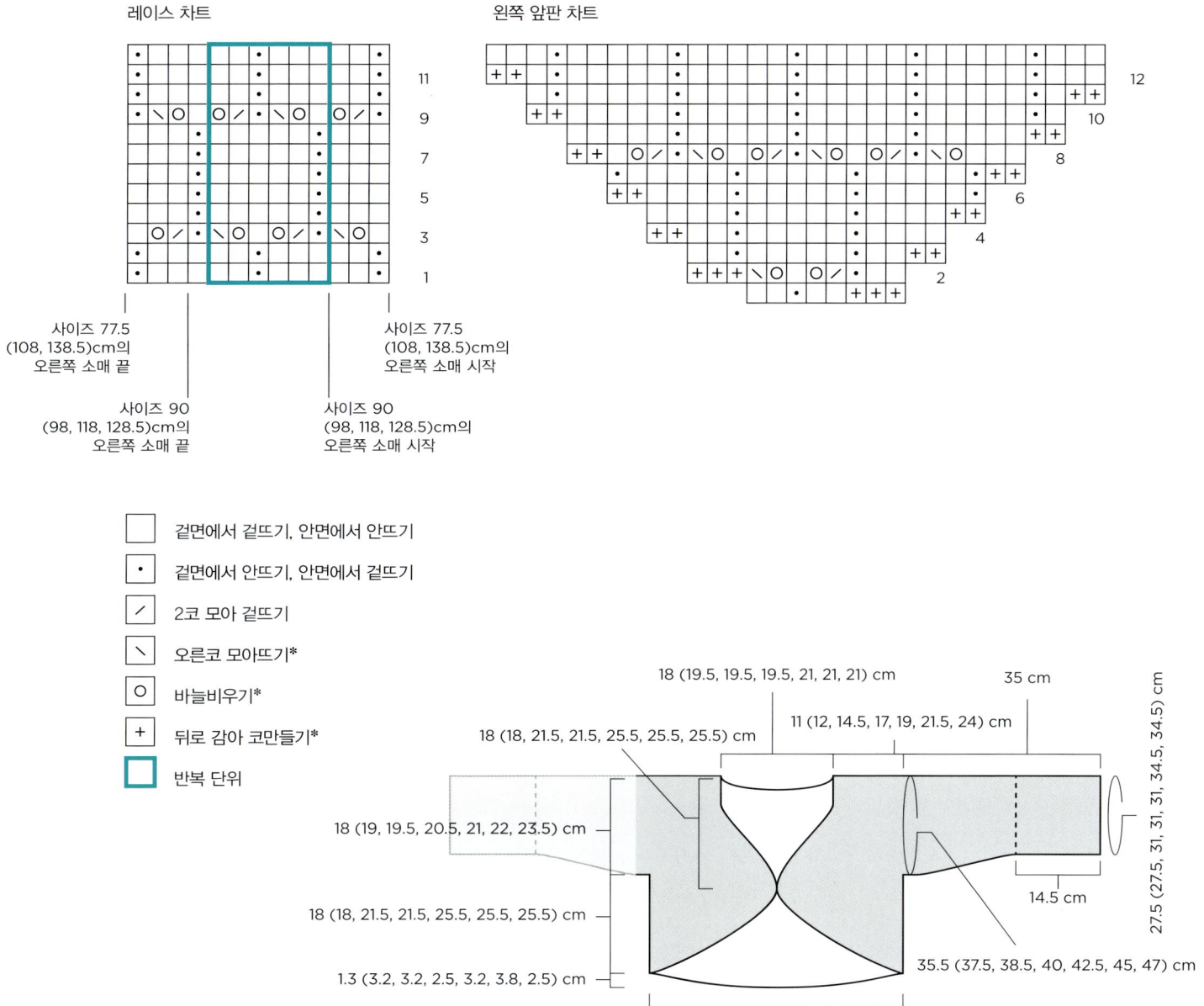

사이즈 77.5(98, 108, 118, 128.5, 138.5)cm

줄임단: (겉면) 2코 모아 겉뜨기, 설정된 패턴대로 끝까지 뜨기. → 앞판에서 1코 준다.

설정된 패턴대로 3단을 뜬다.

위의 4단을 0(0, 3, 3, 3, 6)번 더 반복한다.→ 118(136, 135, 151, 155, 156)코가 남는다.

모든 사이즈

[줄임단 반복한 다음 설정된 패턴대로 안면 보고 1단 뜨기]를 6(2, 5, 4, 4, 5, 6)번 반복한다. 차트의 2(6, 12, 6, 10, 4, 10)단까지 뜨게 된다. → 112(119, 131, 147, 150, 150)코가 남는다.

목둘레선 나누기

겉면을 마주 보고 2코 모아 겉뜨기, 오른쪽 바늘에 걸린 코가 39(41, 41, 41, 43, 43, 43)코가 될 때까지 뜨기, 11(10, 16, 16, 21, 21, 21)코 코막음 하고 끝까지 뜬다. (앞판에 해당하는) 처음의 39(41, 41, 41, 43, 43, 43)코를 스티치홀더나 다른 실에 걸어 쉼코로 둔다. → 뒤판에 61(67, 73, 73, 82, 85, 85)코가 남는다.

뒤판

안면을 보고 설정된 패턴대로 1단을 뜬다.

줄임단: (겉면) 2코 모아 겉뜨기, 끝까지 뜨기. → 목선에서 1코가 준다.

위의 2단을 3번 더 반복한다. → 57(63, 69, 69, 78, 81, 81)코가 남는다.

계속해서 설정된 패턴대로 27(31, 31, 31, 35, 35, 35)단을 더 뜬다. 차트의 2(10, 4, 10, 6, 12, 6)단까지 뜨게 된다.

단수 게이지 체크

밑단부터 뜨기 시작하는 스웨터나 목선부터 아래로 내려가며 뜨는 탑다운 스웨터의 경우 편물의 넓이를 결정하는 콧수 게이지가 길이를 결정하는 단수 게이지보다 더 중요하다. 대부분의 패턴에서 단수는 자기가 원하는 길이가 나올 때까지 뜨면 그만이기 때문이다. 그러나 이 볼레로처럼 옆으로 뜨는 경우에는 단수가 편물의 넓이를 결정하므로 더 중요하다. 몸에 잘 맞는 편물을 완성하려면 반드시 정확한 단수 게이지에 따라 작업해야 한다.

늘림단: (겉면) 겉1, 1코 만들기, 끝까지 뜨기. → 목선에서 1코가 는다.

안면을 보고 설정된 패턴대로 1단 뜬다.

위의 2단을 2번 더 반복하고, 늘림단을 1번 더 뜬다. → 61(67, 73, 73, 82, 85, 85)코.

모든 코를 스티치홀더나 다른 실로 옮긴다. 실을 자른다.

오른쪽 앞판

쉼코로 두었던 앞판의 39(41, 41, 41, 43, 43, 43)코를 작업 중인 바늘로 옮기고 안면부터 뜰 수 있도록 실을 연결한다.

안면을 보고 설정된 패턴대로 1단을 뜬다.

줄임단: (겉면) 2코 모아 겉뜨기, 마지막 2코 남을 때까지 패턴대로 뜨기, 오른코 모아뜨기. → 2코가 준다.

위의 2단을 3(4, 4, 4, 5, 5, 5)번 더 뜬다. → 31코가 남는다.

단을 시작할 때 2코씩 코막음하면서 10단을 뜬다. → 11코가 남는다.

단을 시작할 때 3코씩 코막음하면서 2단을 뜬다. → 5코가 남는다.

남은 코를 모두 코막음한다.

왼쪽 앞판

5코를 만든다. 안면 단부터 시작해서 왼쪽 앞판 차트의 1~13단을 뜬다. → 31코가 된다.

레이스 차트의 3(9, 3, 9, 3, 9, 3)단부터 시작하여 설정된 레이스 무늬를 계속 뜨면서, 다음과 같이 앞판의 모양을 만든다.

늘림단: (겉면) 겉1, 1코 만들기, 마지막 1코 남을 때까지 뜨기, 1코 만들기, 겉1. → 2코가 는다.

안면을 보고 설정된 패턴대로 1단을 뜬다.

위의 2단을 2(3, 3, 3, 4, 4, 4)번 반복하고 늘림단을 1번 더 뜬다. → 39(41, 41, 41, 43, 43, 43)코. 레이스 차트의 9(5, 11, 5, 1, 7, 1)단까지 뜨게 된다. 실을 자르고 코들은 바늘에 그대로 둔다.

왼쪽 몸판

뒤판과 왼쪽 앞판의 안면이 서로 마주 닿게 한 채로, 왼쪽 앞판의 코들이 걸려 있는 바늘에, 뒤판 코부터 먼저 뜰 수 있도록 쉼코로 두었던 뒤판의 코들을 옮긴다.

연결단: (안면) 뒤판의 61(67, 73, 73, 82, 85, 85)코를 뜨고, 뒤로 감아 코 만들기* 방법으로 11(10, 16, 16, 21, 21, 21)를 만들고, 왼쪽 앞판의 39(41, 41, 41, 43, 43, 43)코를 뜬다. → 총 111(118, 130, 130, 146, 149, 149)코.

늘림단: (겉면) 겉1, 1코 만들기, 패턴대로 끝까지 뜨기 → 앞판에서 1코가 는다.

안면 단을 패턴대로 1단 뜬다.

위의 2단을 5(3, 4, 3, 3, 4, 5)번 더 반복한다. → 117(122, 135, 134, 150, 154, 155)코. 레이스 차트의 10(2, 10, 2, 10, 6, 2)단까지 완성된다.

사이즈에 따라 다음과 같이 진행한다.

고리무늬 면 볼레로

사이즈 77.5(98, 108, 118, 128.5, 138.5)cm

늘림단을 반복한 다음 설정된 패턴대로 그냥 3단을 뜬다.

위의 4단을 1(1, 4, 4, 4, 7)번 더 반복한다. → 119(137, 139, 155, 159, 163)코. 레이스 차트의 6(6, 10, 6, 2, 10)단까지 완성된다.

사이즈 90cm

다음 단: (겉면: 앞판에서 1코 늘림, 뒤판에서 1코 줄임) 겉1, 1코 만들기, 2코 남을 때까지 패턴대로 뜨기, 오른코 모아뜨기.

안면을 보고 패턴대로 1단을 뜬다. 차트의 6단까지 완성된다.

늘림단: (겉면) 겉1, 1코 만들기, 끝까지 뜨기. → 앞판에서 1코가 는다.

안면을 보고 패턴대로1단을 뜬다. → 123코.

모든 사이즈

다음 단: (겉면, '시프트' 단: 앞판에서 1코 늘림, 뒤판에서 1코 줄임) 겉1, 1코 만들기, 2코 남을 때까지 뜨기, 오른코 모아뜨기.

패턴대로 3단을 뜬다.

위의 4단을 0(3, 3, 2, 3, 4, 2)번 더 반복한다.

시프트 단을 반복한 다음 안면을 보고 패턴대로 1단을 뜬다. → 119(123, 137, 139, 155, 159, 163)코. 차트의 12단까지 완성된다.

몸판 코 연결하기

편물의 가운데쯤에서 편물 사이로 줄바늘의 줄을 빼내어 편물의 양끝을 바늘의 양끝으로 정렬한다. 안면을 마주 본 채 바늘 3개를 이용한 코막음* 방법으로 몸판 처음과 마지막의 30(30, 36, 36, 42, 42, 42)코를 연결한다. 마지막 코를 코막음할 때는 두 바늘에 걸린 코를 하나씩이 아니라 앞쪽 바늘에 걸린 코 하나만을 가지고 코막음한다. 코막음하고 남은 1코는 앞쪽 바늘로 옮기고 겉면이 마주 보이도록 편물을 돌린다. → 59(63, 65, 67, 71, 75, 79)코가 남는다. 콧수링을 끼워 단의 시작 부분을 표시한다.

왼쪽 소매

5.5mm 막대바늘로 바꾸어 원통뜨기를 할 수 있도록 양끝을 연결한다. 설정된 패턴대로 12(12, 12, 12, 8, 8, 8)단을 더 뜬다. 레이스 차트의 12(12, 12, 12, 8, 8, 8)단까지 완성된다.

줄임단: 2코 모아 겉뜨기, 2코 남을 때까지 뜨기, 오른코 모아뜨기. → 2코가 준다.

설정된 패턴대로 7(5, 7, 7, 5, 5, 5)단을 뜬다.

위의 8(6, 8, 8, 6, 6, 6,)단을 3(3, 3, 0, 3, 5, 1)번 더 반복한다. → 51(55, 57, 65, 63, 63, 75)코가 남는다.

줄임단을 1번 더 뜨고, 설정된 패턴대로 3(3, 3, 5, 3, 3, 3)단을 더 뜬다.

위의 4(4, 4, 6, 4, 4, 4)단을 0(2, 0, 3, 3, 0, 6)번 더 반복한다. → 49(49, 55, 57, 55, 61, 61)코가 남는다.

사이즈에 따라 다음과 같이 진행한다.

사이즈 108cm

줄임단을 반복하고, 설정된 패턴대로 3단을 뜬다. → 55코가 남는다.

모든 사이즈

모든 사이즈가 레이스 차트의 12단까지 완성되었다.

5mm 막대바늘로 바꾸어, 겉뜨기로 2단, 안뜨기로 4단을 뜬다.

이랑무늬의 1~8단을 4번 뜬다.

모든 코를 안뜨기방향으로 코막음한다.

마무리

남은 실꼬리를 편물에 엮어 넣어 정리한다. 치수에 맞추어 블로킹*한다.

테두리

5.5mm 줄바늘을 가지고 겉면을 마주 본 채, 뒤판 목 중심에서 시작해서 전체 가장자리를 따라 코가 고루 나뉘도록(대략 4단에 3코씩, 앞판 트임 부분에서는1코에 1코씩) 하여 273(291, 311, 327, 358, 374, 390)코를 줍는다. 콧수링을 끼우고 원통뜨기를 할 수 있게 양끝을 연결한다. 안뜨기로 1단을 뜨면서 오른쪽 앞판의 꼭지점 부분(오른쪽 앞판 끝의 마지막 코막음한 5코)에 콧수링으로 단춧구멍 위치를 표시한다.

단춧구멍 단: 단춧구멍을 표시한 콧수링 앞에 2코 남을 때까지 안뜨기, 2코 모아 안뜨기, 콧수링 빼기, 바늘비우기 2번, 2코 모아 안뜨기, 끝까지 안뜨기.

다음 단: 2번 바늘비우기한 자리 앞까지 안뜨기, 2번 바늘비우기한 코에 앞뒤로 안뜨기하며 1코 늘리기*, 끝까지 안뜨기.

모든 코를 안뜨기방향으로 코막음한다.

왼쪽 앞판 꼭지점에 단추를 꿰매 단다.

Khaki Cardigan
카키색 카디건

이 카디건은 옆으로 떠나가는 방식 덕에 더 재미있는 스타일과 구조를 갖게 되었다. 절반으로 나눈 몸판을 각각 앞판 중심에서 시작하여 소맷단 쪽으로 떠나간다. 몸판 하단의 코들은 몸판 상단의 아랫단에서 코를 주워 아래쪽으로 떠 내려간다. 소맷단과 몸판의 아랫단은 단순한 짜임무늬 기법 중에서 내가 무척 좋아하는 펄 브리오슈 스티치로 완성했다.

완성 사이즈

가슴둘레 약 78.5(87.5, 96.5, 105.5, 113.5, 122.5, 131.5)cm (단추를 채울 때 겹쳐지는 2cm 포함)
견본 사이즈 87.5cm

실

굵기: 병태사(Worsted, DK)
견본에 사용한 실: Quince & Company 사의 Lark (아메리칸 울 100%, 123m/50g) 색상기호 lichen 8(8, 9, 10, 11, 12, 13)볼

바늘

몸통: 4.5mm, 80cm 줄바늘,
양끝이 뾰족한 막대바늘 4~5개
게이지가 정확히 맞지 않으면 바늘 굵기를 바꿔서 조정한다.

기타 준비물

꽂았다 뺐다 할 수 있는 핀 모양 단수링, 스티치홀더나 다른 실, 임시 코 만들기에 쓸 4mm 코바늘과 다른 실, 지름 2cm 단추 7개, 돗바늘

게이지

메리야스뜨기 18.5코 27단=사방 10cm
펄 브리오슈 스티치 16코 34단=사방 10cm

뜨개 가이드

앞-1걸-비: 실을 편물 앞쪽에 둔 상태로 안뜨기방향으로 1코 걸러뜨기, 실을 오른쪽 바늘 위에 걸며 편물 뒤쪽으로 넘기는 방법으로 바늘비우기. → 걸러뜨기한 코와 바늘비우기한 코가 겹쳐진 것을 1코로 친다.

브리-겉1: 앞-1걸-비로 만든 걸러뜨기 코와 바늘비우기 코를 1코처럼 모아 겉뜨기.

원통뜨기로 뜨는 펄 브리오슈 스티치(콧수: 2의 배수)

1단: ※안1, 앞-1걸-비. ※표한 부분 반복.

2단: ※겉1, 브리-겉1. ※표한 부분 반복.

3단: ※앞-1걸-비, 안1. ※표한 부분 반복.

4단: ※브리-겉1, 겉1. ※표한 부분 반복.

1~4단을 반복하여 무늬를 만든다.

단면뜨기로 뜨는 펄 브리오슈 스티치 (콧수: 2의 배수+1)

설정단: (겉면) 겉뜨기

1단: (안면) 겉1, ※앞-1걸-비, 겉1. ※표한 부분 반복

2단: 겉1, ※브리 겉1, 겉1. ※표한 부분 반복

3단: 겉2, 앞-1걸-비, ※겉1, 앞-1걸-비. ※표한 부분 반복

4단: 겉2, 브리 겉1, ※겉1, 브리 겉1. 2코 남을 때까지 ※표한 부분 반복, 겉2.

1~4단을 반복하여 무늬를 만든다.

참고

────── 몸판의 양쪽 절반은 각각 앞판 중심선에서 뜨기 시작한다. 목둘레선을 만든 다음에는 편물을 그대로 두고, 새로 임시 코를 만들어 뒤판의 절반을 뜨고 뒤판 목선을 만든 다음에 뒤판의 코들과 앞판의 코들을 연결한다. 사선 되돌아뜨기로 진동과 소맷마루 모양을 만든 다음 소맷단 쪽으로 떠나간다.

────── 몸판 하단은 몸판 상단의 아래쪽 가장자리를 따라 코를 주운 다음 아랫단을 향해 떠 내려간다.

왼쪽 앞판

막대바늘을 가지고 기본 코 만들기* 방법으로 13(14, 15, 16, 18, 20, 22)코를 만든다.

(안면) 안뜨기로 1단을 뜬다.

목둘레선 만들기

늘림단: (겉면) 1코 남을 때까지 겉뜨기, 1코 만들기*, 겉1 → 1코가 는다.

메리야스뜨기(겉면에서 겉뜨기, 안면에서 안뜨기)로 3단을 뜬다.

위의 4단을 1번 더 반복한다. → 15(16, 17, 18, 20, 22, 24)코

[늘림단 반복, 안면에서 1단 안뜨기]를 4(4, 5, 6, 6, 7, 8)번 뜬다. → 19(20, 22, 24, 26, 29, 32)코

늘림단 1번 더 반복한다. → 20(21, 23, 25, 27, 30, 33)코. 편물 길이가 시작 단부터 7(7, 7.5, 8.5, 8.5, 9, 9.5)cm가 된다.

실을 자르고 코들을 스티치홀더나 다른 실에 옮겨 쉼코로 둔다.

왼쪽 뒤판

막대바늘과 코바늘과 다른 실을 가지고 임시 코 만들기* 방법으로 23(24, 26, 28, 31, 34, 37)코를 만든다. 안면단부터 시작하여, 편물이 시작 단부터 5.5(5.5, 6.5, 6.5, 7, 7.5, 8.5)cm가 될 때까지 메리야스뜨기를 한다. 안면 단까지 뜨고 멈춘다.

목둘레선 만들기

늘림단: (겉면) 겉1, 1코 만들기, 끝까지 겉뜨기. → 1코가 는다.

(안면) 안뜨기로 1단을 뜬다.

위의 2단을 2번 더 반복한다. → 26(27, 29, 31, 34, 37, 40)코.

늘림단을 1번 더 반복한다. → 27(28, 30, 32, 35, 38, 41)코. 편물 길이가 시작 단부터 8.5(8.5, 9, 9, 9.5, 10, 11)cm가 된다.

왼쪽 몸판 상단

연결단: (안면) 왼쪽 뒤판의 27(28, 30, 32, 35, 38, 41)코 안뜨기, 콧수링 끼우기, 뒤로 감아 코 만들기* 방법으로 7(7, 7, 7, 8, 8, 8)코를 만들고, 쉼코로 두었던 왼쪽 앞판의 20(21, 23, 25, 27, 30, 33)코를 안면 단부터 뜰 수 있도록 바늘에 옮기고 이 코들을 모두 안뜨기한다. → 총 54(56, 60, 64, 70, 76, 82)코.

메리야스뜨기로 4(6, 6, 2, 4, 6, 6)단을 뜬다. 안면 단까지 뜨게 된다.

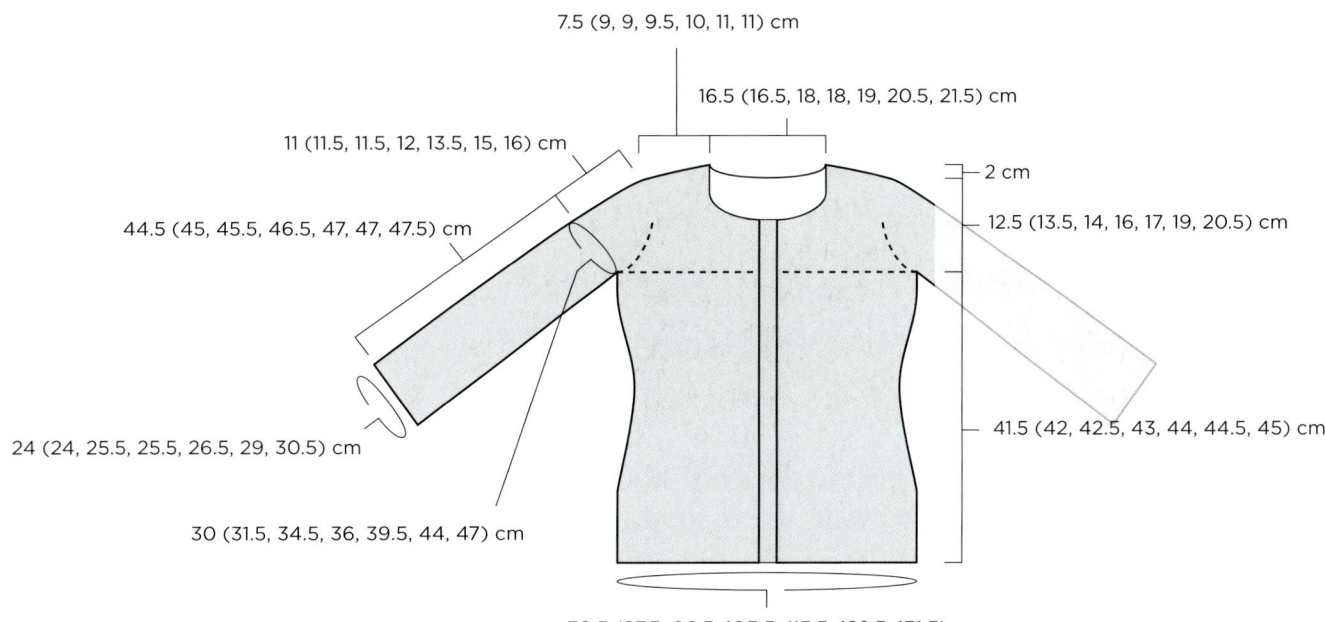

어깨 만들기

줄임단: (겉면) 콧수링 앞 3코 남을 때까지 겉뜨기, 오른코 모아뜨기*, 겉1, 콧수링 옮기기, 겉1, 2코 모아 겉뜨기, 끝까지 겉뜨기 → 2코가 는다.

메리야스뜨기로 3(3, 3, 5, 5, 5, 5)단을 뜬다. 안면 단까지 뜨게 된다.

위의 4(4, 4, 6, 6, 6, 6)단을 2번 더 반복한다. → 48(50, 54, 58, 64, 70, 76)코가 남는다.

줄임단을 1번 더 뜬 다음 메리야스뜨기로 3단을 뜬다. → 46(48, 52, 56, 62, 68, 74)코가 남는다. 편물이 임시 코를 만든 위치부터 16.5(17, 18, 18.5, 19.5, 21, 21.5)cm가 된다.

왼쪽 앞판 진동 만들기

다음과 같이 사선 되돌아뜨기*를 한다.

사선 되돌아뜨기 1: 겉면을 마주 보고 겉5(8, 10, 11, 13, 14, 15), 다음 코 에워싸기, 편물을 돌려 안면을 마주 보고 끝까지 안뜨기.

사선 되돌아뜨기 2: 겉면을 마주 보고 겉2(5, 7, 8, 10, 11, 12), 다음 코 에워싸기, 편물 돌려 안면을 보고 끝까지 안뜨기.

사이즈에 따라 다음과 같이 진행한다.

사이즈 78.5cm

사선 되돌아뜨기가 끝났다.

사이즈 87.5(96.5, 105.5, 113.5, 122.5, 131.5)

사선 되돌아뜨기 3: 겉면을 마주 보고 겉2(4, 5, 7, 8, 9), 다음 코 에워싸기, 편물 돌려 안면을 마주 보고 끝까지 안뜨기.

사이즈 87.5cm의 사선 되돌아뜨기가 끝났다.

사이즈 96.5(105.5, 113.5, 122.5, 131.5)cm

사선 되돌아뜨기 4: 겉면을 마주 보고 겉3(4, 6, 7, 8), 다음 코 에워싸기, 편물을 돌려 끝까지 안뜨기.

사선 되돌아뜨기 5: 겉면을 마주 보고 겉2(3, 5, 6, 7), 다음 코 에워싸기, 편물을 돌려 끝까지 안뜨기.

사이즈 96.5cm의 사선 되돌아뜨기가 끝났다.

사이즈 105.5(113.5, 122.5, 131.5)cm

사선 되돌아뜨기 6: 겉면을 마주 보고 겉2(4, 5, 6), 다음 코 에워싸기, 편물을 돌려 끝까지 안뜨기.

사이즈 105.5cm의 사선 되돌아뜨기가 끝났다.

사이즈 113.5(122.5, 131.5)cm

사선 되돌아뜨기 7: 겉면을 마주 보고 겉3(4, 5), 다음 코 에워싸기, 편물을 돌려 끝까지 안뜨기.

사선 되돌아뜨기 8: 겉면을 마주 보고 겉2(3, 4), 다음 코 에워싸기, 편물을 돌려 끝까지 안뜨기.

사이즈 113.5cm의 사선 되돌아뜨기가 끝났다.

사이즈 122.5(131.5)cm

사선 되돌아뜨기 9: 겉면을 마주 보고 겉2(3), 다음 코 에워싸기, 편물을 돌려 끝까지 안뜨기.

사이즈 122.5cm의 사선 되돌아뜨기가 끝났다.

사이즈 131.5cm

사선 되돌아뜨기 10: (겉면) 겉2, 다음 코 에워싸기, 편물 돌려 끝까지 안뜨기.

사이즈 131.5cm의 사선 되돌아뜨기가 끝났다.

모든 사이즈

겉면을 마주 보고 끝까지 겉뜨기하면서, 에워싼 실을 에워싸인 코와 함께 떠 감춘다.

왼쪽 뒤판 진동 만들기

다음과 같이 사선 되돌아뜨기를 한다.

사선 되돌아뜨기 1: 안면을 마주 보고 안5(8, 10, 11, 13, 14, 15), 다음 코 에워싸기, 편물 돌려 겉면을 마주 보고 끝까지 겉뜨기.

사선 되돌아뜨기 2: 안면을 마주 보고 안2(5, 7, 8, 10, 11, 12), 다음 코 에워싸기, 편물 돌려 겉면을 마주 보고 끝까지 겉뜨기.

사이즈에 따라 다음과 같이 계속 뜬다.

사이즈 78.5cm

사선 되돌아뜨기가 끝났다.

사이즈 87.5(96.5, 105.5, 113.5, 122.5, 131.5)cm

사선 되돌아뜨기 3: 안면을 마주 보고 안2(4, 5, 7, 8, 9), 다음 코 에워싸기, 편물 돌려 겉면을 마주 보고 끝까지 겉뜨기.

사이즈 87.5cm의 사선 되돌아뜨기가 끝났다. .

사이즈 96.5(105.5, 113.5, 122.5, 131.5)cm

사선 되돌아뜨기 4: 안면을 마주 보고 안3(4, 6, 7, 8), 다음 코 에워싸기, 편물 돌려 겉면을 마주 보고 끝까지 겉뜨기.

사선 되돌아뜨기 5: 안면을 마주 보고 안2(3, 5, 6, 7), 다음 코 에워싸기, 편물 돌려 겉면을 마주 보고 끝까지 겉뜨기.

사이즈 96.5cm의 사선 되돌아뜨기가 끝났다. .

사이즈 105.5(113.5, 122.5, 131.5)cm

사선 되돌아뜨기 6: 안면을 마주 보고 안2(4, 5, 6), 다음 코 에워싸기, 편물 돌려 겉면을 마주 보고 끝까지 겉뜨기.

사이즈 105.5cm의 사선 되돌아뜨기가 끝났다.

사이즈 113.5(122.5, 131.5)cm

사선 되돌아뜨기 7: 안면을 마주 보고 안3(4, 5), 다음 코 에워싸기, 편물 돌려 겉면을 마주 보고 끝까지 겉뜨기.

사선 되돌아뜨기 8: 안면을 마주 보고 안2(3, 4), 다음 코 에워싸기, 편물 돌려 겉면을 마주 보고 끝까지 겉뜨기.

사이즈 113.5cm의 사선 되돌아뜨기가 끝났다.

사이즈 122.5(131.5)cm

사선 되돌아뜨기 9: 안면을 마주 보고 안2(3), 다음 코 에워싸기, 편물 돌려 겉면을 마주 보고 끝까지 겉뜨기.

사이즈 122.5cm의 사선 되돌아뜨기가 끝났다.

사이즈 131.5cm

사선 되돌아뜨기 10: 안면을 마주 보고 안2, 다음 코 에워싸기, 편물 돌려 겉면을 마주 보고 끝까지 겉뜨기.

사이즈 131.5cm의 사선 되돌아뜨기가 끝났다.

브리오슈 스티치의 게이지 체크

브리오슈 스티치에는 바늘비우기와 걸러뜨기가 포함되기 때문에 게이지를 측정할 때 콧수와 단수를 세기가 쉽지 않다. 이 카디건에 사용된 펄 브리오슈 스티치에서는 '앞-1걸-비'를 1코로 간주하고, 무늬는 2코가 반복되면서 만들어진다. 또 걸러뜨기를 하기 때문에 4단으로 만들어지는 무늬가 마치 3단을 반복해 만들어진 것처럼 보이기도 한다. 단수를 세는 가장 쉬운 방법은 4단이 반복된 단위를 통째로 세는 것인데, 각 단위에는 오목한 마름모꼴이 한 줄씩 포함된다.

아래 그림에 2코와 4단으로 이루어진 반복단위가 표시되어 있다.

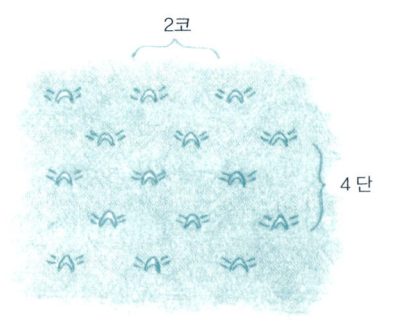

모든 사이즈

안면을 마주 보고 끝까지 안뜨기하면서 에워싼 실을 에워싸인 코들과 함께 떠 감춘다.

왼쪽 소매

다음과 같이 사선 되돌아뜨기를 한다.

사선 되돌아뜨기 1: (겉면) 콧수링 앞까지 겉뜨기, 콧수링 빼기, 겉7(7, 8, 8, 9, 9, 10), 다음 코 에워싸기, 편물 돌리기

사선 되돌아뜨기 2: (안면) 안14(14, 16, 16, 18, 18, 20), 다음 코 에워싸기, 편물 돌리기

사선 되돌아뜨기 3: (겉면) 겉17(17, 20, 21, 23, 24, 27), 다음 코 에워싸기, 편물 돌리기

사선 되돌아뜨기 4: (안면) 안20(20, 24, 26, 28, 30, 34), 다음 코 에워싸기, 편물 돌리기

사선 되돌아뜨기 5: (겉면) 에워싸인 코 앞까지 겉뜨기, 에워싼 실을 에워싸인 코와 함께 떠 감추기, 다음 코 에워싸기, 편물 돌리기

사선 되돌아뜨기 6: (안면) 에워싸인 코 앞까지 안뜨기, 에워싼 실을 에워싸인 코와 함께 떠 감추기, 다음 코 에워싸기, 편물 돌리기

바로 위의 2단을 11(12, 12, 13, 15, 17, 18)번 더 반복한다.

연결단: (겉면) 줄바늘이나 양끝이 뾰족한 막대바늘로 단의 끝까지 겉뜨기하면서, 도중에 에워싸인 코가 나오면 에워싼 실을 함께 떠 감춘다. 그런 다음 뒤로 감아 코 만들기* 방법으로 4(5, 5, 5, 5, 6, 6)코를 만들고, 콧수링을 끼워 단의 시작 부분을 표시한 다음 같은 방법으로 4(5, 5, 5, 5, 6, 6)코를 만든다. → 총 54(58, 62, 66, 72, 80, 86)코가 된다.

첫 단의 첫 코에서 에워싼 실을 감추고, 메리야스뜨기로 6단을 뜬다. 이때 매직루프 방식*으로 원통뜨기를 하거나, 콧수가 너무 적어서 줄바늘로 뜨기 어려우면 양끝이 뾰족한 막대바늘로 옮겨 뜬다.

줄임단: 겉1, 2코 모아 겉뜨기, 3코 남을 때까지 겉뜨기, 오른코 모아뜨기, 겉1 → 2코가 준다.

겉뜨기로 15(11, 9, 7, 7, 5, 5)단을 뜬다.

위의 16(12, 10, 8, 8, 6, 6)단을 2(5, 4, 5, 9, 6, 13)번 더 반복한다. → 48(46, 52, 54, 52, 66, 58)코가 남는다.

[줄임단 반복, 겉뜨기로 17(13, 11, 9, 9, 7, 7)단]을 2(1, 3, 4, 1, 6, 1)번 반복한다. → 44(44, 46, 46, 50, 54, 56)코가 남는다.

줄임단을 1번 더 반복한다. → 42(42, 44, 44, 48, 52, 54)코가 남는다.

편물이 연결단부터 35.5(36, 37, 37.5, 38, 38, 38.5)cm가 될 때까지 메리야스뜨기를 계속한다.

다음 단: 안5(5, 6, 6, 3, 5, 3), 2코 모아 안뜨기, ※안8(8, 8, 8, 6, 6, 7), 2코 모아 안뜨기. 5(5, 6, 6, 3, 5, 4)코 남을 때까지 ※표한 부분 반복, 끝까지 안뜨기. → 38(38, 40, 40, 42, 46, 48)코가 남는다.

원통뜨기로 펄 브리오슈 스티치의 1~4단을 9cm가 될 때까지 뜨되, 무늬의 1단 또는 3단까지 뜨고 멈춘다.

모든 코를 패턴에 맞추어 느슨하게 코막음한다.

오른쪽 뒤판

임시 코를 걸어두었던 실을 조심해서 풀어내고, 드러난 임시 코 23(24, 26, 28, 31, 34, 37)코를 막대바늘에 옮기고 안면 단부터 뜨도록 실을 연결한다. 편물이 코를 만든 단부터 5.5(5.5, 6.5, 7, 7.5, 8.5)cm가 될 때까지 메리야스뜨기를 계속한다. 안면 단까지 뜨고 멈춘다.

목둘레선 만들기

늘림단: (겉면) 1코 남을 때까지 겉뜨기, 1코 만들기, 겉1. → 1코가 는다.

(안면) 안뜨기로 1단을 뜬다.

위의 2단을 2번 더 반복한다. → 26(27, 29, 31, 34, 37, 40)코.

늘림단 1번 더 반복. → 27(28, 30, 32, 35, 38, 41)코. 편물이 임시 코를 만든 위치부터 8.5(8.5, 9, 9, 9.5, 10, 11)cm가 된다.

코들을 스티치홀더나 다른 실에 옮겨 쉼코로 둔다. 실을 자른다.

오른쪽 앞판

기본 코 만들기 방법으로 13(14, 15, 16, 18, 20, 22)코를 만든다.

(안면) 안뜨기로 1단을 뜬다.

목둘레선 만들기

늘림단: (겉면) 겉1, 1코 만들기, 끝까지 겉뜨기. → 1코가 는다.

메리야스뜨기로 3단을 뜬다.

위의 4단을 1번 더 반복한다. → 15(16, 17, 18, 20, 22, 24)코.

[늘림단 반복, 안뜨기 1단]을 4(4, 5, 6, 6, 7, 8)번 반복한다. → 19(20, 22, 24, 26, 29, 32)코.

늘림단 1번 더 반복 → 20(21, 23, 25, 27, 30, 33)코. 편물의 길이가 시작 단부터 7(7, 7.5, 8.5, 8.5, 9, 9.5)cm가 된다.

오른쪽 몸판 상단

연결단: (안면) 안뜨기로 오른쪽 앞판 코들을 모두 뜬 다음, 뒤로 감아 코 만들기 방법으로 7(7, 7, 7, 8, 8, 8)코를 만들고, 콧수링을 끼우고, 쉼코로 두었던 오른쪽 뒤판의 27(28, 30, 32, 35, 38, 41)코를 안면 단부터 뜰 수 있도록 바늘에 옮긴 다음 모든 코를 안뜨기한다. → 총 54(56, 60, 64, 70, 76, 82)코.

어깨 만들기
왼쪽 몸통의 어깨와 같은 방법으로 만든다.

오른쪽 뒤판 진동 만들기
왼쪽 앞판의 진동과 같은 방법으로 만든다.

오른쪽 앞판 진동 만들기
왼쪽 뒤판 진동과 같은 방법으로 만든다.

오른쪽 소매
왼쪽 소매와 같은 방법으로 만든다.

몸판 하단

줄바늘을 가지고 겉면을 마주 본 채, 왼쪽 앞판에서 겨드랑이 시작 위치까지 아랫단을 따라 30(33, 37, 41, 45, 48, 53)코를 줍고, 겨드랑이 선에서 4(5, 5, 5, 5, 6, 6)코를 줍고 콧수링을 끼우고, 나머지 겨드랑이 선에서 4(5, 5, 5, 5, 6, 6)코를 줍고, 뒤판에서 오른쪽 겨드랑이 시작 위치까지 아랫단을 따라 64(70, 78, 86, 94, 100, 106)코를 줍고, 겨드랑이 선에서 4(5, 5, 5, 5, 6, 6)코를 줍고, 콧수링을 끼우고 나머지 겨드랑이 선에서 4(5, 5, 5, 5, 6, 6)코를 줍고, 오른쪽 앞판 아랫단을 따라 30(33, 37, 41, 45, 48, 53)코를 줍는다. → 총 140(156, 172, 188, 204, 220, 236)코.

양끝을 연결하지 않고 안면을 마주 보고 안뜨기로 1단을 뜬다.

허리선 만들기

줄임단: (겉면) ※콧수링 앞 3코 남을 때까지 겉뜨기, 오른코 모아뜨기, 겉1, 콧수링 옮기기, 겉1, 2코 모아 겉뜨기.※표한 부분 1번 반복, 끝까지 겉뜨기. → 4코가 준다.

메리야스뜨기로 3(5, 5, 5, 5, 7, 7)단을 뜬다. 안면 단까지 뜨게 된다.

위의 4(6, 6, 6, 8, 8)단을 4(1, 2, 3, 4, 1, 2)번 반복한다. → 120(148, 160, 172, 184, 212, 224)코.

사이즈에 따라 다음과 같이 계속 뜬다.

사이즈 78.5(113.5)cm
허리선이 완성되었다.

사이즈 87.5(96.5, 105.5, 122.5, 131.5)cm
[줄임단 반복, 메리야스뜨기로 3(3, 3, 5, 5)단 뜨기]를 3(2, 1, 3, 2)번 반복한다. → 136(152, 168, 200, 216)코가 남는다.

모든 사이즈
편물의 길이가 코를 주운 위치부터 14.5(15, 16, 16.5, 17, 18, 18.5)cm가 될 때까지 메리야스뜨기를 계속하되, 안면 단까지 뜨고 멈춘다.

늘림단: (겉면) ※콧수링 앞 1코 남을 때까지 겉뜨기, 1코 만들기, 겉1, 콧수링 옮기기, 겉1, 1코 만들기. ※표한 부분 1번 반복, 끝까지 겉뜨기. → 4코가 는다.

메리야스뜨기로 9단을 뜬다.

위의 10단을 3번 더 반복한다. → 136(152, 168, 184, 200, 216, 232)코.

늘림단 1번 더 반복. → 140(156, 172, 188, 204, 220, 236)코.

편물의 길이가 코를 주운 위치부터 32.5(33, 33.5, 34.5, 35, 35.5, 36)cm가 될 때까지 메리야스뜨기를 계속하되, 겉면 단까지 뜬다.

줄임단: (안면) 겉6(5, 4, 3, 18, 1, 0), 2코 모아 겉뜨기,※겉7, 2코 모아 겉뜨기. 6(5, 4, 3, 18, 1, 0)코가 남을 때까지 ※표한 부분 반복, 끝까지 겉뜨기. → 125(139, 153, 167, 181, 195, 209)코가 남는다.

단면으로 펄 브리오슈 스티치를 9cm 뜨되, 패턴의 1단 또는 3단까지 뜨고 멈춘다.

모든 코를 느슨하게 코막음한다.

마무리

단추 앞섶

겉면을 마주 본 상태로 막대바늘을 가지고 왼쪽 앞판의 목선 가장자리에서 시작해서 왼쪽 앞판의 가장자리를 따라 코가 고루 나뉘도록(시작코 1코에 1코씩, 메리야스뜨기 4단에 3코씩, 펄 브리오슈 스티치 8단에 3코씩) 하여 86(88, 90, 92, 95, 99, 102)코를 줍는다. 겉뜨기로 3단을 뜬다. 안면 단까지 뜨게 된다.

코들을 바늘에 끼워둔 채 실을 자르고 따로 둔다.

꽂았다 뺐다 할 수 있는 단수링으로 오른쪽 앞판 가장자리를 따라 7개의 단춧구멍 위치를 표시한다. 첫 번째 단추는 목선 가장자리에서 2cm 내려온 지점으로, 마지막 단추는 아랫단에서 2cm 올라간 지점으로 정하고, 나머지 5개의 단추 위치는 그 사이에 일정한 간격으로 배열한다.

단춧구멍 앞섶

겉면을 마주 보고 줄바늘을 가지고 오른쪽 앞판 아랫단에서 시작해서 오른쪽 앞판 가장자리를 따라 코가 고루 나뉘도록(대략 펄 브리오슈 스티치 8단에 3코씩, 앞판 가장자리에서 몸통까지 메리야스뜨기 4단에 3코씩, 시작코 1코에 1코씩)하여 86(88, 90, 92, 95, 99, 102)코를 줍는다. 안면을 보고 겉뜨기로 1단을 뜬다.

단춧구멍 단: (겉면) ※단춧구멍을 표시한 단수링 위치 앞까지 겉뜨기, 바늘비우기, 2코 모아 겉뜨기. ※표한 부분 6번 반복. 끝까지 겉뜨기.

겉뜨기로 2단을 뜬다. 겉면 단까지 뜨게 된다.

코들은 바늘에 끼운 상태로 둔다.

목둘레선 만들기

겉면을 마주 보고 편물을 시계방향으로 90도 돌려 코가 고루 나뉘도록 하며(대략 4단에 3코, 1코에 1코) 앞섶의 윗부분과 목둘레선을 따라 68(68, 72, 72, 78, 82, 86)코를 주운 다음, 이어서 단추 앞섶을 겉뜨기로 뜬다.

안면을 마주 보고 모든 코를 겉뜨기하듯이 코막음한다.

남은 실꼬리를 편물에 엮어 정리하고, 치수에 맞춰 블로킹*한다. 단춧구멍의 반대편에 단추를 단다.

카키색 카디건

Pocket Sweater
주머니 스웨터

빠르고도 재미있게 뜰 수 있는 이 스웨터는 며칠 만에 완성할 수 있을 뿐 아니라, 완성하고 나면 금세 또 뜨고 싶어진다. 넉넉한 파우치 주머니가 달린 아랫단부터 뜨기 시작해서 잘록한 허리선 모양을 만들어나간다. 그런 다음 진동에서 소매가 될 코를 잡고, 원통뜨기로 몇 차례 코줄임을 하며 요크의 모양을 만들고 사선 되돌아뜨기로 소매 모양을 만든다. 견본에서는 짧은 고무단 칼라를 만들었지만, 더 크게 카울(cowl) 형태로도 만들 수 있다.

완성 사이즈
가슴둘레 약 80(87.5, 95, 103, 111, 118.5, 126.5)cm
견본 사이즈는 87.5cm

실
굵기: 극태사(Bulky)
견본에 사용한 실: Tahki 사의 Montana(순모 100%, 119m/100g), 색상기호 #02 bark, 4(4, 5, 5, 5, 6, 6)볼

바늘
9mm, 60cm의 줄바늘과 양끝이 뾰족한 막대바늘 4~5개
게이지가 정확히 맞지 않으면 바늘 굵기를 바꿔서 조정한다.

기타 준비물
꽈배기바늘, 스티치홀더 또는 다른 실, 돗바늘

게이지
원통뜨기로 메리야스뜨기를 했을 때
10.5코 16단=사방 10cm
원통뜨기로 꽈배기 패널을 떴을 때 10코=8.5cm

몸판

줄바늘을 가지고 기본 코 만들기* 방법으로 84(92, 100, 108, 116, 124, 132)코를 만든다. 콧수링을 끼우고 코들이 꼬이지 않도록 조심하면서 원통뜨기를 하도록 양끝을 연결한다.

고무뜨기 설정단: 안2(0, 2, 0, 2, 0, 2), ※겉2, 안2. 2(0, 2, 0, 2, 0, 2)코 남을 때까지 ※표한 부분 반복, 겉2(0, 2, 0, 2, 0, 2).

설정된 대로 고무단을 2단 더 뜬다.

주머니

참고: 주머니의 설정단을 뜰 때는 주머니가 될 각 코에 2코씩 떠서 콧수를 두 배로 늘린다(130쪽 박스 참고). 늘어난 코들은 다음 단에서 나중에 몸판 코들과 함께 뜨도록 스티치홀더에 옮겨 쉼코로 둔다. 코들을 스티치홀더에 옮길 때는, 실은 편물의 뒤쪽(겉면)으로 두고 홀더는 편물의 앞쪽(안면)으로 잡는다. 주머니는 단면으로 뜨고 다 뜬 다음에는 스티치홀더에 옮겨두었다가 나중에 몸판 코들과 연결하여 뜬다.

다음 단: 겉2(4, 6, 8, 6, 8, 10), 콧수링 끼우기,

뜨개 가이드

방울 만들기: 다음 1코에서 (겉1, 바늘비우기, 겉1, 바늘비우기, 겉1)하여 5코를 만들고, 편물을 돌려 안면을 마주 보고 안5, 편물 돌리기, 오른코 모아뜨기*, 겉1, 2코 모아 겉뜨기, 편물 돌리기, 안3, 편물 돌리기, 1코 걸러뜨기, 2코 모아 겉뜨기, 걸러뜨기한 코로 방금 모아 뜬 코 덮어씌우기. → 1코가 남는다.

앞뒤로 겉뜨기해 1코 늘리기(앞뒤겉늘)* 2번, 앞뒤로 안뜨기해 1코 늘리기(앞뒤안늘)* 2번, 앞뒤겉늘10(10, 10, 10, 14, 14, 14), 앞뒤안늘6, 앞뒤겉늘2, 앞뒤안늘2, 앞뒤겉늘10(10, 10, 10, 14, 14, 14)번, 앞뒤안늘2, 앞뒤겉늘1, 겉, 콧수링 끼우기, 편물 돌리기. → 44(50, 56, 62, 64, 70, 76)코는 뜨지 않은 상태로 남아 있다.

양쪽 콧수링 사이에 있는 주머니가 될 코들을 다음과 같이 단면으로 뜬다.

1단: (안면) 실을 편물 앞으로 둔 채 안뜨기하듯이 1코 걸러뜨기, 1코 스티치홀더에 옮기기, 안1, 1코 홀더에 옮기기, [겉1, 1코 홀더에 옮기기] 2번, [안1, 1코 홀더에 옮기기] 10(10, 10, 10, 14, 14, 14)번, [겉1, 1코 홀더에 옮기기] 2번, [안1, 1코 홀더에 옮기기] 2번, [겉1, 1코 홀더에 옮기기] 6번, [안1, 1코 홀더에 옮기기] 10(10, 10, 10, 14, 14, 14)번, [겉1, 1코 홀더에 옮기기] 2번, 안1, 1코 홀더에 옮기기, 안1, 편물 돌리기. → 주머니 코 38(38, 38, 38, 46, 46, 46)코, 홀더에 건 몸판 코 37(37, 37, 37, 45, 45, 45)코.

2단: (겉면) 실을 편물 뒤로 둔 채 안뜨기하듯이 1코 걸러뜨기, 겉1, 안2, 겉10(10, 10, 10, 14, 14, 14), 꽈배기 패널 차트 1단의 10코 뜨기, 겉10(10, 10, 10, 14, 14, 14), 안2, 겉2.

3단: 실을 편물 앞으로 둔 채 안뜨기하듯이 1코 걸러뜨기, 안1, 겉2, 안10(10, 10, 10, 14, 14, 14), 차트 2단의 10코 뜨기, 안10(10, 10, 10, 14, 14, 14), 겉2, 안2.

줄임단: 실을 뒤로 둔 채 안뜨기하듯이 1코 걸러뜨기, 겉1, 안2, 2코 모아 겉뜨기, 6코 남을 때까지 설정된 패턴대로 뜨기, 오른코 모아뜨기, 안2, 겉2. → 2코가 준다.

설정된 패턴대로 3단을 더 뜬다.

위의 4단을 4번 더 반복한다. → 28(28, 28, 28, 36, 36, 36)코가 남는다. 줄임단을 1번 더 반복한다. → 26(26, 26, 26, 34, 34, 34)코가 남는다.

설정된 패턴대로 2단을 더 뜬다. 겉면에 해당하는 차트의 1단까지 뜨게 된다. 주머니 코를 모두 스티치홀더에 옮겨 쉼코로 둔다. 실을 자른다.

연결단: (겉면) 쉼코로 둔 몸판의 37(37, 37, 37, 45, 45, 45)코를 왼쪽 바늘 끝으로 옮긴다. 주머니를 표시한 콧수링을 뺀다. 주머니의 오른쪽 가장자리에 실을 연결해 다음과 같이 뜬다.

1코 만들기*, 겉17(17, 17, 17, 21, 21, 21), 2코 모아 겉뜨기, 겉18(18, 18, 18, 22, 22, 22), 주머니 표시한 콧수링 빼기, 1코 만들기, 겉2(4, 6, 8, 6, 8, 10), 콧수링 끼워 옆 솔기선 표시, 끝까지 겉뜨기. → 총 84(92, 100, 108, 116, 124, 132)코.

겉뜨기로 2단을 뜬다.

허리선 만들기

줄임단: ※겉1, 2코 모아 겉뜨기, 다음 콧수링 앞 3코 남을 때까지 겉뜨기, 오른코 모아뜨기, 겉1. ※표한 부분 반복. → 4코가 준다.

설정된 패턴대로 9단 뜨기.

위의 10단을 1번 더 반복한다. → 76(84, 92, 100, 108, 116, 124)코가 남는다.

줄임단 반복. → 72(80, 88, 96, 104, 112, 120)코가 남는다. 설정된 패턴대로 3단을 뜬다.

주머니 연결단: 겉5(7, 9, 11, 9, 11, 13), 쉼코로 두었던 주머니의 26(26, 26, 26, 34, 34, 34)코를 빈 바늘에 옮기고, 주머니가 끝날 때까지 설정된 패턴에 맞추어

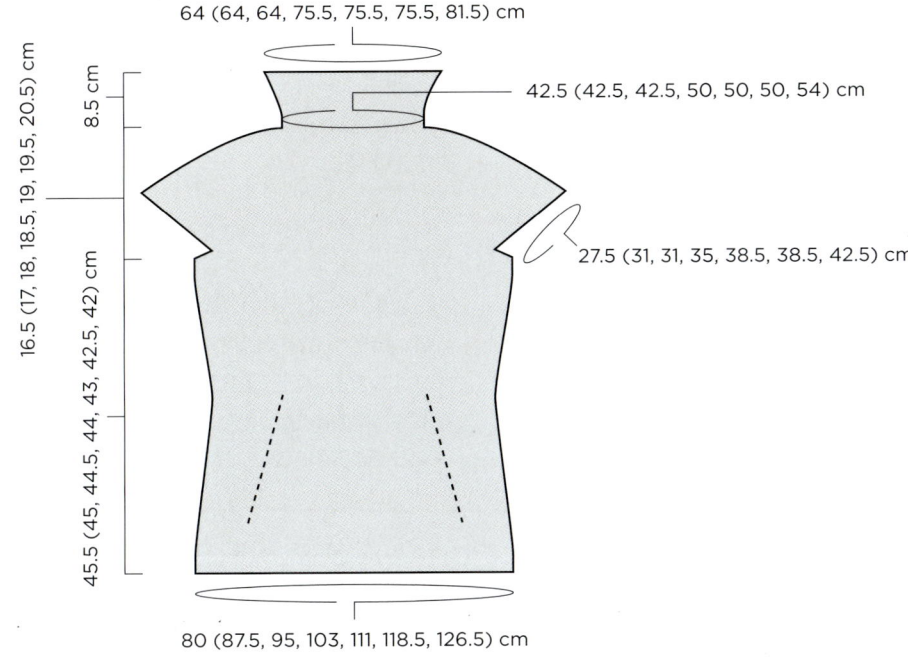

(두 바늘에서 각각 1코씩을) 2코 모아 겉뜨기 또는 2코 모아 안뜨기하여 주머니와 몸판의 코들을 연결한다. 남은 코를 패턴대로 마저 뜬다. → 여전히 72(80, 88, 96, 104, 112, 120)코.

설정된 패턴대로 8(7, 6, 5, 4, 3, 2)단을 뜬다.

가슴선 만들기

늘림단: ※겉1, 1코 만들기, 다음 콧수링 앞 1코 남을 때까지 패턴대로 뜨기, 1코 만들기, 겉1. ※표한 부분 반복. → 4코가 는다.

설정된 패턴대로 9단을 뜬다.

위의 10단을 2번 더 반복한다. → 84(92, 100, 108, 116, 124, 132)코.

설정된 패턴대로 1단을 뜬다. 차트의 17(16, 15, 14, 13, 12, 11)단까지 뜨게 되는데, 마지막 단에서는 시작 부분을 표시한 콧수링 앞에 3(3, 3, 3, 4, 4, 4)코가 남을 때까지만 뜬다.

앞판과 뒤판 나누기

6(6, 6, 6, 8, 8, 8)코를 코막음하고 설정된 패턴대로 다음 콧수링 앞에 3(3, 3, 3, 4, 4, 4)코가 남을 때까지 뜨고, 6(6, 6, 6, 8, 8, 8)코를 코막음하고 끝까지 뜬다. → 앞판과 뒤판에 각 36(40, 44, 48, 50, 54, 58)코씩 72(80, 88, 96, 100, 108, 116)코가 남는다.

요크

설정단: 안면을 마주 보고 꽈배기식 코 만들기* 방법으로 22(26, 26, 30, 32, 32, 36)코를 만들고, 이 코들의 양쪽에 콧수링을 끼운다(첫째 콧수링은

단의 새로운 시작 부분을 표시한다). 겉면을 마주 보고 앞판의 코들을 설정된 패턴대로 뜨고, 편물을 돌려 안면을 마주 보고 꽈배기식 코 만들기 방법으로 22(26, 26, 30, 32, 32, 36)코를 만들고 이 코들의 양쪽에 콧수링을 끼운다. 다시 겉면을 마주 보고 뒤판의 코들을 설정된 패턴대로 뜬다. → 총 116(132, 140, 156, 164, 172, 188)코.

원통뜨기를 하도록 양끝을 연결하고, 새로 만든 코들은 메리야스뜨기로 하면서 3단을 뜬다. 차트의 22(21, 20, 19, 18, 17, 16)단까지 뜨게 된다.

다음과 같이 사선 되돌아뜨기*를 한다.

겉면을 마주 보고 설정된 패턴을 유지하면서 첫째 콧수링 앞에 1코 남을 때까지 겉뜨기, 다음 코 에워싸기, 편물을 돌려 안면을 마주 보고 단 시작을 표시한 콧수링 앞 1코 남을 때까지 안뜨기, 다음 코 에워싸기, 편물 돌려 겉면을 마주 보고 마지막 콧수링 앞 1코 남을 때까지 뜨기, 다음 코 에워싸기, 편물을 돌려 안면을 마주 보고 다음 콧수링 앞 1코 남을 때까지 안뜨기, 다음 코 에워싸기, 편물을 돌려 겉면을 마주 보고 끝까지 겉뜨기.

설정된 패턴을 유지하면서 9(9, 10, 10, 10, 11, 11)단을 뜬다. 도중에 에워싼 코가 나오면 에워싼 실과 에워싸인 코를 함께 떠 감춰주고, 새로 만든 코들은 메리야스뜨기로 한다. 차트의 8(7, 7, 6, 5, 5, 4)단까지 뜨게 된다.

요크 모양 만들기

줄임단 1: 설정된 패턴을 유지하면서, 사이즈에 따라 다음과 같이 뜬다.

사이즈 80cm

겉2, [2코 모아 겉뜨기, 겉] 3번, [겉1, 오른코 모아뜨기] 3번, [겉2, 오른코 모아뜨기] 2번, 겉1, 안2, 2코 모아 겉뜨기, 겉2, 차트대로 10코 뜨기, 겉2, 오른코 모아뜨기, 안2, 겉1, [2코 모아 겉뜨기, 겉] 2번, [2코 모아 겉뜨기, 겉1] 3번, [겉1, 오른코 모아뜨기] 3번, 겉4, [오른코 모아뜨기, 겉4] 3번, [2코 모아 겉뜨기, 겉4] 2번, 2코 모아 겉뜨기, 겉2. → 92코가 남는다.

솔기 없이 주머니 뜨기

한 코 고무뜨기를 하다가 솔기가 생기지 않게 주머니를 연결하는 것은 의외로 쉽다. 주머니 뜨기를 설정할 때 주머니의 제일 아랫단에서 콧수를 두 배로 늘리기만 하면 된다. 겉면 단(그림 1)에서 겉뜨기 1코, 안뜨기 1코의 고무뜨기 패턴을 뜨면서 매 코마다 고무뜨기의 패턴에 맞추어 앞뒤로 떠서 1코 늘리기로 콧수를 늘리는데, 단 주머니의 마지막 1코는 늘리지 않고 그냥 뜬다(그림 1). 다음 단에서는 한 코는 바늘에 그대로 두어 주머니를 뜨고 다른 한 코는 쉼코로 두었다가 나중에 몸판으로 뜨도록 늘린 코들을 분리한다. 안면을 마주 보고 실을 편물 앞에 둔 채 안뜨기하듯이 1코를 걸러뜨고, ※실을 편물 뒤로 넘겨 1코를 스티치홀더에 옮기고, 실을 앞으로 옮기고 다음 코를 모양대로(겉뜨기 또는 안뜨기) 뜬다. 주머니의 마지막 코 앞까지 ※표한 부분 반복하고, 마지막 코는 모양대로 뜬다. 몸판을 뜰 쉼코보다 주머니를 뜰 코가 1코 많다(그림 2). 원하는 주머니 길이가 나올 때까지 단면으로 뜬다. 원한다면 코를 줄여 주머니의 양 가장자리를 사선으로 만들 수도 있다. 다 떴으면 코들을 다른 스티치홀더에 옮긴다. 겉면을 마주 보고 처음에 쉼코로 두었던 몸판 코들을 왼쪽 바늘에 옮기고 오른쪽 주머니 가장자리에 실을 연결한다. 1코가 적은 것은 다음과 같은 방법으로 보충한다. 처음에 1코 만들기*를 하고 콧수의 절반을 뜬 다음 2코 모아 겉뜨기로 1코를 줄이고, 마지막까지 뜨고, 1코 만들기를 하면, 2코가 늘고 1코가 준다. 주머니와 길이가 같아질 때까지 몸판을 뜬다. 주머니의 윗부분을 연결하도록 쉼코로 둔 코들을 다른 바늘에 옮기고 두 바늘을 평행으로 잡고 ※두 바늘에서 각 1코씩을 가지고 2코 모아 겉뜨기한다. 쉼코가 모두 연결될 때까지 ※표한 부분을 반복한다.

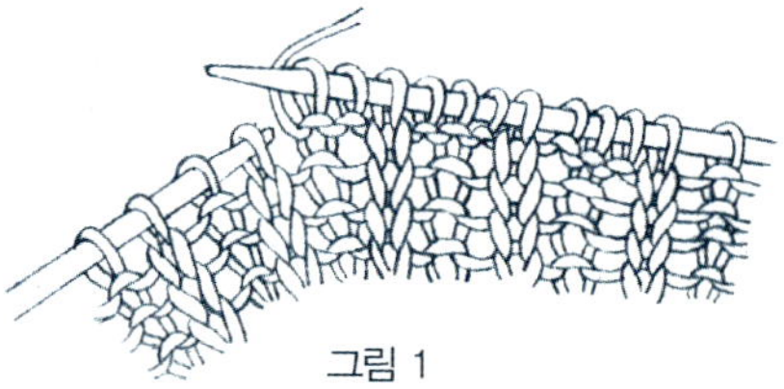

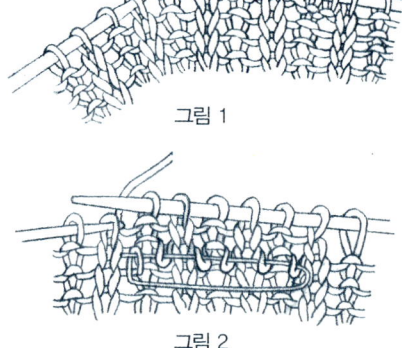

그림 1

그림 2

사이즈 87.5cm

겉1, [2코 모아 겉뜨기, 겉] 4번, [겉1, 오른코 모아뜨기] 7번, 겉1, 안2, 2코 모아 겉뜨기, 겉2, 차트대로 10코 뜨기, 겉2, 오른코 모아뜨기, 안2, 겉1, [2코 모아 겉뜨기, 겉] 7번, [겉1, 오른코 모아뜨기] 4번, [겉3, 오른코 모아뜨기] 4번, 겉2, [2코 모아 겉뜨기, 겉3] 3번, 2코 모아 겉뜨기, 겉2 → 100코가 남는다.

사이즈 95cm

겉1, [2코 모아 겉뜨기, 겉] 4번, [겉1, 오른코 모아뜨기] 8번, 안2, 2코 모아 겉뜨기, 겉2, 차트대로 10코 뜨기, 겉2, 오른코 모아뜨기, 안2, [2코 모아

겉뜨기, 겉] 8번, [겉1, 오른코 모아뜨기] 6번, [겉3, 오른코 모아뜨기] 3번, 겉1, [겉3, 2코 모아 겉뜨기] 4번, 겉1, 2코 모아 겉뜨기. → 104코가 남는다.

사이즈 103cm

[2코 모아 겉뜨기, 겉] 5번, [겉1, 오른코 모아뜨기] 9번, 겉, 안2, 2코 모아 겉뜨기, 겉2, 차트대로 10코 뜨기, 겉2, 오른코 모아뜨기, 안2, 겉1, [2코 모아 겉뜨기, 겉] 9번, [겉1, 오른코 모아뜨기] 5번, [오른코 모아뜨기, 겉3] 5번, 겉, [2코 모아 겉뜨기, 겉3] 4번, 2코 모아 겉뜨기. → 116코가 남는다.

사이즈 111(118.5)cm

겉1, [2코 모아 겉뜨기, 겉] 5번, [겉1, 오른코 모아뜨기] 7(5)번, [겉2, 오른코 모아뜨기] 2(4)번, 겉1, 안2, 2코 모아 겉뜨기, 겉2, 차트대로 10코 뜨기, 겉2, 오른코 모아뜨기, 안2, 겉1, [2코 모아 겉뜨기, 겉2] 2(4)번, [2코 모아 겉뜨기, 겉] 7(5)번, [겉1, 오른코 모아뜨기] 5번, 겉2(4), [오른코 모아뜨기, 겉3] 5번, 겉1, [2코 모아 겉뜨기, 겉3] 4번, 2코 모아 겉뜨기, 겉1(3). → 124(132)코가 남는다.

사이즈 126.5cm

[2코 모아 겉뜨기, 겉] 6번, [겉1, 오른코 모아뜨기] 9번, [겉2, 오른코 모아뜨기] 2번, 겉1, 안2, 2코 모아 겉뜨기, 겉2, 차트대로 10코 뜨기, 겉2, 오른코 모아뜨기, 안2, 겉1, [2코 모아 겉뜨기, 겉2] 2번, [2코 모아 겉뜨기, 겉] 9번, [겉1, 오른코 모아뜨기] 6번, [오른코 모아뜨기, 겉3] 6번, 겉1, [2코 모아 겉뜨기, 겉3] 5번, 2코 모아 겉뜨기. → 140코가 남는다.

모든 사이즈

소매의 사선 되돌아뜨기를 앞과 같은 방법으로 반복한다.

패턴을 유지하면서 3(3, 3, 4, 4, 4, 5)단을 뜬다. 차트의 13(12, 12, 12, 11, 11, 11)단까지 뜨게 된다. 이 지점부터 방울은 그만 뜨고 그 코들을 안뜨기한다.

줄임단 2: 패턴을 유지하면서 사이즈에 따라 다음과 같이 뜬다.

사이즈 80cm

겉1, [2코 모아 겉뜨기] 3번, 겉, [오른코 모아뜨기] 3번, [겉1, 오른코 모아뜨기] 2번, 안2, 2코 모아 겉뜨기, 겉1, 차트대로 10코 뜨기, 겉1, 오른코 모아뜨기, 안2, [2코 모아 겉뜨기, 겉1] 2번, [2코 모아 겉뜨기] 3번, 겉2, [오른코 모아뜨기] 3번, [겉3, 오른코 모아뜨기] 3번, 겉2, [2코 모아 겉뜨기, 겉3] 2번, 2코 모아 겉뜨기, 겉2. → 68코가 남는다.

사이즈 87.5cm

[2코 모아 겉뜨기] 4번, 겉, [오른코 모아뜨기] 7번, 안2, 2코 모아 겉뜨기, 겉1, 차트대로 10코 뜨기, 겉1, 오른코 모아뜨기, 안2, [2코 모아 겉뜨기] 7번, 겉2, [오른코 모아뜨기] 4번, [겉2, 오른코 모아뜨기] 4번, [2코 모아 겉뜨기, 겉2] 4번. → 68코가 남는다.

사이즈 95cm

[2코 모아 겉뜨기] 4번, 겉2, [오른코 모아뜨기] 7번, 겉1, 안2, 2코 모아 겉뜨기, 겉1, 차트대로 10코 뜨기, 겉1, 오른코 모아뜨기, 안2, 겉1, [2코 모아 겉뜨기] 7번, 겉2, [오른코 모아뜨기] 4번, [겉2, 오른코 모아뜨기] 4번, 겉2, [2코 모아 겉뜨기, 겉2] 4번. → 72코가 남는다.

사이즈 103cm

겉1, [2코 모아 겉뜨기] 4번, 겉, [오른코 모아뜨기] 4번, 겉2, [오른코 모아뜨기] 4번, 안2, 2코 모아 겉뜨기, 겉1, 차트대로 10코 뜨기, 겉1, 오른코

모아뜨기, 안2, [2코 모아 겉뜨기] 4번, 겉2, [2코 모아 겉뜨기] 4번, 겉2, [오른코 모아뜨기] 4번, 겉1, 오른코 모아뜨기, [겉2, 오른코 모아뜨기] 4번, [겉2, 2코 모아 겉뜨기] 5번. → 80코가 남는다.

사이즈 111[118.5]cm
[2코 모아 겉뜨기] 5번, 겉2, [오른코 모아뜨기] 7(5)번, [겉1, 오른코 모아뜨기] 2(4)번, 안2, 2코 모아 겉뜨기, 겉1, 차트대로 10코 뜨기, 겉1, 오른코 모아뜨기, 안2, [2코 모아 겉뜨기, 겉1] 2(4)번, [2코 모아 겉뜨기] 7(5)번, 겉2, [오른코 모아뜨기] 5번, 겉1(3), [오른코 모아뜨기, 겉2] 4번, 오른코 모아뜨기, [겉2, 2코 모아 겉뜨기] 5번, 겉1(3). → 84(92)코가 남는다.

사이즈 126.5cm
겉1, [2코 모아 겉뜨기] 5번, 겉2, [오른코 모아뜨기] 5번, 겉2, [오른코 모아뜨기] 3번, [겉1, 오른코 모아뜨기] 2번, 안, 2코 모아 겉뜨기, 겉1, 차트대로 10코 뜨기, 겉1, 오른코 모아뜨기, 안2, [2코 모아 겉뜨기, 겉1] 2번, [2코 모아 겉뜨기] 3번, 겉2, [2코 모아 겉뜨기] 5번, 겉2, [오른코 모아뜨기] 5번, 겉1, 오른코 모아뜨기, [겉2, 오른코 모아뜨기] 5번, [겉2, 2코 모아 겉뜨기] 6번. → 96코가 남는다.

모든 사이즈
설정된 패턴을 유지하며 4[4, 4, 5, 5, 5, 5]단을 뜬다. 차트의 18[17, 17, 18, 17, 17, 17]단까지 뜨게 된다.

줄임단 3: 설정된 패턴을 유지하며 사이즈에 따라 다음과 같이 뜬다.

사이즈 80cm
[2코 모아 겉뜨기] 2번, 겉2, [오른코 모아뜨기] 3번, 겉1, 2코 모아 안뜨기, 2코 모아 겉뜨기, 차트대로 10코 뜨기, 오른코 모아뜨기, 2코 모아 안뜨기, 겉1, [2코 모아 겉뜨기] 3번, 겉, [오른코 모아뜨기] 2번, [겉2, 오른코 모아뜨기] 3번, [2코 모아 겉뜨기, 겉2] 3번. → 48코가 남는다.

사이즈 87.5cm
[2코 모아 겉뜨기] 2번, 겉2, [오른코 모아뜨기] 3번, 겉1, 2코 모아 안뜨기, 2코 모아 겉뜨기, 차트대로 10코 뜨기, 오른코 모아뜨기, 2코 모아 안뜨기, 겉1, [2코 모아 겉뜨기] 3번, 겉2, [오른코 모아뜨기] 2번, 겉2, [오른코 모아뜨기, 겉1] 3번, 겉2, [겉1, 2코 모아 겉뜨기] 3번, 겉2. → 48코가 남는다.

사이즈 95cm
[2코 모아 겉뜨기] 2번, 겉2, [오른코 모아뜨기] 4번, 2코 모아 안뜨기, 2코 모아 겉뜨기, 차트대로 10코 뜨기, 오른코 모아뜨기, 2코 모아 안뜨기, [2코 모아 겉뜨기] 4번, 겉2, [오른코 모아뜨기] 2번, 겉1, [겉1, 오른코 모아뜨기] 4번, [2코 모아 겉뜨기, 겉1] 4번, 겉1. → 48코가 남는다.

사이즈 103cm
겉1, [2코 모아 겉뜨기] 2번, 겉2, [오른코 모아뜨기] 2번, 겉2, [오른코 모아뜨기] 2번, 2코 모아 안뜨기, 2코 모아 겉뜨기, 차트대로 10코 뜨기, 오른코 모아뜨기, 2코 모아 겉뜨기, [2코 모아 겉뜨기] 2번, 겉, [2코 모아 겉뜨기] 2번, 겉2, [오른코 모아뜨기] 2번, 겉3, [겉1, 오른코 모아뜨기] 4번, [2코 모아 겉뜨기, 겉1] 4번, 겉2. → 56코가 남는다.

사이즈 111cm
겉1, [2코 모아 겉뜨기] 2번, 겉2, 오른코 모아뜨기, [오른코 모아뜨기, 겉1] 3번, 2코 모아 안뜨기, 2코 모아 겉뜨기, 차트대로 10코 뜨기, 오른코 모아뜨기, 2코 모아 안뜨기, [겉1, 2코 모아 겉뜨기] 3번, 2코 모아 겉뜨기, 겉2, [오른코 모아뜨기] 2번, 겉4, [겉1, 오른코 모아뜨기] 4번, [2코 모아 겉뜨기, 겉1] 4번, 겉3. → 60코가 남는다.

사이즈 118.5cm
[2코 모아 겉뜨기] 3번, [오른코 모아뜨기] 7번, 2코 모아 안뜨기, 2코 모아 겉뜨기, 차트대로 10코 뜨기, 오른코 모아뜨기, 2코 모아 안뜨기, [2코 모아 겉뜨기] 7번, [오른코 모아뜨기] 4번, [겉1, 오른코 모아뜨기] 5번, [2코 모아 겉뜨기, 겉1] 5번, 2코 모아 겉뜨기. → 56코가 남는다.

사이즈 126.5cm
[2코 모아 겉뜨기] 3번, 겉2, [오른코 모아뜨기] 7번, 2코 모아 안뜨기, 2코 모아 겉뜨기, 차트대로 10코 뜨기, 오른코 모아뜨기, 2코 모아 안뜨기, [2코 모아 겉뜨기] 7번, 겉2, [오른코 모아뜨기] 4번, [겉1, 오른코 모아뜨기] 5번, [2코 모아 겉뜨기, 겉1] 5번, 2코 모아 겉뜨기. → 60코가 남는다.

모든 사이즈
설정된 패턴을 유지하면서 1(2, 2, 1, 2, 2, 2)단을 뜬다. 차트의 20단까지 뜨게 된다.

이 지점부터 꽈배기 패널은 그만 뜨고 그 10코는 모양대로(겉뜨기는 겉뜨기로, 안뜨기는 안뜨기로) 뜬다.

줄임단 4: 겉8(8, 8, 11, 12, 10, 12), 3코 모아 안뜨기, 안5, 겉2, 안1, 3코 모아 안뜨기, 1코 남을 때까지 겉뜨기, 다음 코 에워싸기, 편물 돌려 안면을 마주 보고 안16(16, 16, 18, 20, 20, 20), 다음 코 에워싸기, 편물 돌려 겉면을 마주 보고 끝까지 겉뜨기. → 44(44, 44, 52, 56, 52, 56)코가 남는다.

설정된 패턴대로 1단을 뜬다.

칼라

설정단: ※안2, 겉2. ※표한 부분 반복

설정된 고무뜨기로 4단을 더 뜬다.

늘림단: ※안1, 안뜨기에서 1코 만들기*, 안1, 겉1, 1코 만들기, 겉1. ※표한 부분 반복. → 66(66, 66, 78, 84, 78, 84)코.

설정된 3코 안뜨기, 3코 겉뜨기 고무뜨기로 7단을 뜬다.

모든 코를 패턴대로 느슨하게 코막음한다.

마무리

진동둘레 정리

겉면을 마주 보고 코막음된 겨드랑이 코들 가운데에서 시작하여 4(4 4, 4, 5, 5, 5)코를 줍고, 소매 코 시작 단을 따라 24(28, 28, 32, 34, 34, 38)코를 줍고, 나머지 코막음된 겨드랑이 코들을 따라 4(4, 4, 4, 5, 5, 5)코를 줍는다. 겨드랑이 가운데에서 코줍기가 끝난다. → 총 32(36, 36, 40, 44, 44, 48)코. 콧수링을 끼워 시작 위치를 표시한다.

줄임단: 사이즈에 따라 다음과 같이 뜬다.

사이즈 80(87.5, 95, 103)cm

겉1, 안1, 2코 모아 안뜨기, 2코 모아 겉뜨기, ※겉1, 안2, 겉1. 6코 남을 때까지 ※표한 부분 반복. 오른코 모아뜨기, 2코 모아 안뜨기, 안1, 겉1. → 28(32, 32, 36)코가 남는다.

사이즈 111(118.5, 126.5)cm

겉1, 안2, 오른코 모아뜨기, 2코 모아 겉뜨기, 안2, ※겉2, 안2. 7코 남을 때까지 ※표한 부분 반복. 오른코 모아뜨기, 2코 모아 겉뜨기, 안2, 겉1. → 40(40, 44)코가 남는다.

모든 사이즈

설정된 대로 고무뜨기를 2단 뜬다.

모든 코를 느슨하게 코막음한다.

남은 실꼬리를 편물에 엮어 정리하고, 치수에 맞추어 블로킹*한다.

Shawl Collar Sweater
숄칼라 스웨터

메리야스뜨기를 위주로 뜬 이 캐주얼한 풀오버 스웨터에는 고무뜨기로 만든 넓은 숄칼라와 파우치 주머니가 달려 있다. 몸판과 소매는 진동이 시작되는 지점까지 따로 뜨며, 진동부터 위로 목까지는 모두 연결하여 한꺼번에 뜨면서 도중에 셋인(set-in) 소매를 만든다. 디자인이 단순하며 마무리가 까다롭지 않은 이 스웨터는 어떤 스타일에나 부담 없이 맞춰 입을 수 있다.

완성 사이즈
가슴둘레 약 86.5(96.5, 107.5, 118, 129, 139.5, 150.5)cm
견본 사이즈는 96.5cm

실
굵기: 병태사(Worsted)
견본에 사용한 실: Cascade 사의 Eco+ (페루 울100%, 437m/250g) 색상기호 #4010 straw, 3(3, 3, 3, 4, 4, 4)볼

바늘
몸판: 4.5mm 80cm 줄바늘과 양끝이 뾰족한 막대바늘 4개
고무단: 3.75mm 80cm 줄바늘과 양끝이 뾰족한 막대바늘 4개
게이지가 정확히 맞지 않으면 바늘 굵기를 바꿔서 조정한다.

기타 준비물
튜브형 코 만들기에 쓸 병태사 굵기의 다른 실, 커다란 스티치홀더 또는 다른 실, 콧수링, 돗바늘

게이지
4.5mm 바늘을 가지고 원통뜨기로 메리야스뜨기를 했을 때 17코 22단=사방 10cm

원통뜨기를 하면서 셋인 소매 만들기

셋인 소매는 보통 따로 떠서 꿰매 붙이지만, 원통뜨기로 아래에서 위로 떠 올라가다가 요크를 만들면서 동시에 뜰 수도 있다.

앞판과 뒤판, 소매의 코들을 줄바늘 하나에 모두 걸고, 겨드랑이의 코들은 스티치홀더에 끼워둔 상태로 앞·뒤판과 소매의 경계는 각각 콧수링으로 표시해두고 시작한다(그림 1).

뒤판의 코들이 원하는 등 위쪽 넓이와 일치할 때까지 매 단마다 각 콧수링의 몸판 쪽 가장자리에서 1코씩 줄인다(그림 2).

양 소매에 걸린 콧수링들을 1코씩 옆으로 옮겨 몸판의 2코(앞판과 뒤판에서 각 1코씩)가 소매 쪽으로 넘어오게 한다. 이렇게 해야 진동에서 소맷마루로 이어지는 줄임 코들이 깔끔하게 배열된다.

소매 코들이 약 5cm 정도 남고 진동이 원하는 총 진동길이보다 2.5cm 정도 작아질 때까지, 콧수링 옆의 소매 코를 1코씩 줄인다(그림3).

소맷마루 윗부분은 다음과 같이 오른쪽 앞판, 뒤판, 왼쪽 앞판 순서로 뜨면서 사선 되돌아뜨기로 모양을 만든다. (그림 4)

오른쪽 앞판: ※겉면을 마주 보고 콧수링 앞까지 뜨고, 콧수링을 옮기고, 오른코 모아뜨기*로 코를 줄이고, 편물을 돌려 안면을 마주 보고 1코 걸러뜨기하고 끝까지 뜬다. 소맷마루의 콧수가 절반(양쪽 콧수링 옆에 있는 여분의 몸판 코 1코씩은 포함시키지 않는다)으로 줄 때까지 ※표한 부분을 반복한다. 마지막 오른코 모아뜨기를 한 다음 콧수링을 뺀다. 편물을 돌리지 않는다.

뒤판: 겉면을 마주 보고 소매코가 2코 남을 때까지 뜬다. ※2코 모아 겉뜨기로 코를 줄이고, 콧수링을 옮기고, 뒤판 왼쪽 콧수링까지 뜨고, 콧수링을 옮기고, 오른코 모아뜨기로 코를 줄이고, 편물을 돌려 안면을 마주 보고 실을 편물 앞으로 둔 채 안뜨기하듯이 1코 걸러뜨기, 콧수링 옮기기, 뒤판 오른쪽 콧수링까지 뜨기, 콧수링 옮기기, 실을 편물 앞으로 둔 채 안뜨기방향으로 2코 걸러뜨기하고 편물을 돌린다. 뒤판 오른쪽의 걸러뜨기한 2코가 오른쪽 소매의 마지막 코가 될 때까지 ※표한 부분을 반복한다.

겉면을 마주 보고 2코 모아 겉뜨기, 콧수링 옮기기, 뒤판 왼쪽 콧수링까지 뜨기, 콧수링을 빼고, 오른코 모아뜨기하고, 앞판 왼쪽 콧수링 앞에 2코가 남을 때까지 뜨고, 2코 모아 겉뜨기하고 콧수링을 옮기고 끝까지 뜬다.

왼쪽 앞판: ※안면을 마주 보고 앞판 왼쪽 콧수링까지 뜨기, 콧수링 옮기기, 실을 편물 앞으로 둔 채 안뜨기하듯이 2코 걸러뜨기, 편물 돌려 겉면을 마주 보고 2코 모아 겉뜨기하고 끝까지 뜬다. 모든 소매 코가 줄 때까지(콧수링 옆에 있는 여분의 몸판 코 1코는 포함시키지 않는다) ※표한 부분을 반복한다.

안면을 마주 보고 ※어깨의 콧수링까지 뜨고, 콧수링을 빼고, 실을 편물 앞에 둔 채 안뜨기하듯이 2코(남아 있는 소매 코) 걸러뜨기한다. 원한다면 뒤판 목선을 코막음하면서 ※표한 부분을 1번 더 반복하고 끝까지 뜬다.

어깨: 양 어깨의 코들을 2개의 막대바늘에 나눈다. 두 바늘을 편물의 겉면이 마주 닿도록 평행으로 들고서 바늘 3개를 이용한 코막음* 방법으로 연결한다. 남아 있는 목둘레선의 코들도 아직 코막음하지 않았다면 마저 한다.

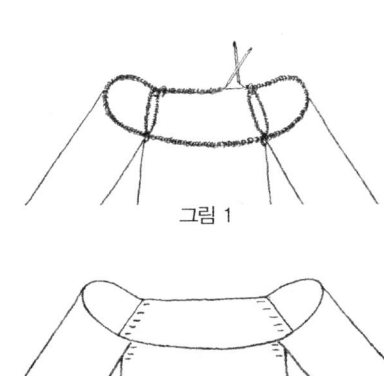

그림 1

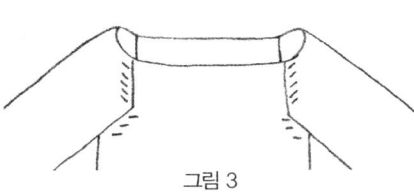

그림 2

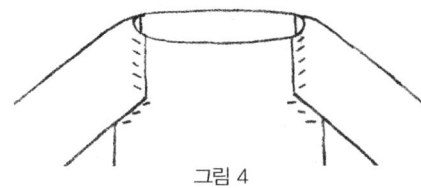

그림 3

그림 4

소매

3.75mm 막대바늘을 써서 원통 튜브형 코 만들기 방법*으로 54(56, 58, 58, 60, 62, 64)코를 만든다. 코들을 3개의 막대바늘에 나누고 콧수링을 끼운 후 코들이 꼬이지 않게 조심하며 원통뜨기를 하도록 양끝을 연결한다.

설정단: ※겉1, 안1. ※표한 부분 반복.

편물 길이가 시작 단부터 5cm가 될 때까지 설정한 고무뜨기를 계속한다.

줄임단: [겉2, 2코 모아 겉뜨기] 13(14, 14, 14, 14, 15, 16)번. [2코 모아 겉뜨기] 1(0, 0, 0, 0, 1, 0)번, 겉0(0, 2, 2, 4, 0, 0). → 40(42, 44, 44, 46, 46, 48)코가 남는다.

4.5mm 막대바늘로 바꾸어 편물 길이가 시작 단부터 7.5cm가 될 때까지 메리야스뜨기를 계속한다.

늘림단: 겉1, 1코 만들기*, 1코 남을 때까지 겉뜨기, 1코 만들기, 겉1. → 2코가 는다.

겉뜨기로 9(9, 9, 9, 9, 7, 7)단을 뜬다.

위의 10(10, 10, 10, 10, 8, 8)단을 3(4, 5, 1, 1, 6, 6)번 더 반복한다. → 48(52, 56, 48, 50, 60, 62)코.

[늘림단 반복, 겉뜨기7(7, 7, 7, 5, 5, 5)단]을 6(5, 4, 9, 9, 6, 6)번. → 60(62, 64, 66, 68, 72, 74)코.

편물 길이가 시작 단부터 51cm가 될 때까지 메리야스뜨기를 계속하고, 마지막 단에서는 단 시작을 표시하는 콧수링 앞에 4(5, 6, 7, 8, 9, 10)코가 남을 때까지만 뜬다.

겨드랑이 부분이 될 다음 8(10, 12, 14, 16, 18, 20)코를 스티치홀더나 다른 실에 끼워 쉼코로 두고 콧수링을 뺀다. 나머지 52(52, 52, 52, 52, 54, 54)코도 다른 실에 끼워 쉼코로 둔다.

실을 자르고 따로 둔다. 똑같은 방법으로 소매 하나를 더 뜬다.

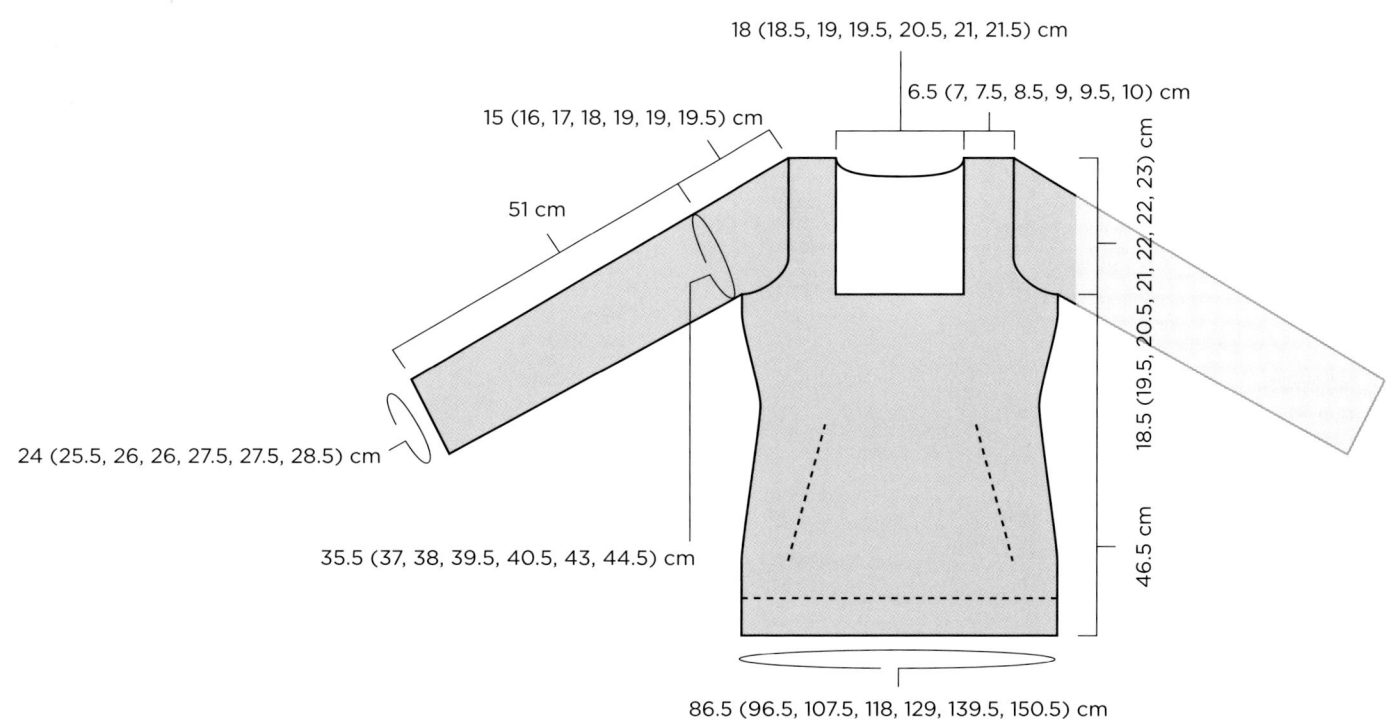

몸판

3.75mm 줄바늘을 가지고 원통 튜브형 코 만들기 방법으로 192(216, 240, 264, 288, 312, 336)코를 만든다.

설정단: ※겉1, 안1.※표한 부분 반복.

편물의 길이가 시작 단부터 5cm가 될 때까지 설정된 1코 고무뜨기를 계속한다.

줄임단: ※2코 모아 겉뜨기, 겉2. ※표한 부분 반복. → 144(162, 180, 198, 216, 234, 252)코가 남는다.

주머니

참고: 주머니의 설정단을 뜰 때는 주머니가 될 각 코에 2코씩 떠서 콧수를 두 배로 늘린다(130쪽 박스 참고). 이렇게 해서 늘린 코들은 다음 단에서 나중에 몸판 코들과 함께 뜨도록 스티치홀더에 옮겨 쉼코로 둔다. 코들을 스티치홀더에 옮길 때는, 실은 편물의 뒤쪽(겉면)으로 두고 홀더는 편물의 앞쪽(안면)으로 잡는다. 주머니는 단면으로 뜨고 다 뜬 다음에는 스티치홀더에 옮겨두었다가 나중에 몸판 코들과 연결하여 뜬다.

설정단: 4.5mm 줄바늘로, 겉6(9, 12, 15, 18, 21, 24), 콧수링 끼우기, [앞뒤로 겉뜨기해 1코 늘리기*, 앞뒤겉늘] 2번, [앞뒤로 안뜨기해 1코 늘리기*, 앞뒤안늘] 2번, [앞뒤겉늘] 49(52, 55, 58, 61, 64, 67)번, [앞뒤안늘, 앞뒤겉늘] 2번, 겉1, 콧수링 끼우기, 편물 돌리기, 나머지 78(90, 102, 114, 126, 138, 150)코는 뜨지 않고 둔다.

콧수링들 사이의 주머니 코들을 단면뜨기로 다음과 같이 계속 뜬다.

다음 단: (안면) 실을 편물 앞에 둔 채 안뜨기하듯이 1코 걸러뜨기, [스티치홀더에 1코 걸기, 안1, 스티치홀더에 1코 걸기, 겉1] 2번, ※홀더에 1코

걸기, 안1. 콧수링 앞 6코 남을 때까지 ※표한 부분 반복, [홀더에 1코 걸기, 겉1, 홀더에 1코 걸기, 안1] 2번, 홀더에 1코 걸기, 안1. → 스티치홀더에 걸린 몸판 코 59(62, 65, 68, 71, 74, 77)코, 주머니 코 60(63, 66, 69, 72, 75, 78)코.

1단: (겉면) 실을 편물 뒤로 둔 채 안뜨기하듯이 1코 걸러뜨기, [겉1, 안1] 2번, 5코 남을 때까지 겉뜨기, [안1, 겉1] 2번, 겉1.

2단: (안면) 실을 편물 앞에 둔 채 안뜨기방향으로 1코 걸러뜨기, [안1, 겉1] 2번, 5코 남을 때까지 안뜨기, [겉1, 안1] 2번, 안1.

위의 1~2단을 4번 더 반복한다.

줄임단 1: 실을 편물 뒤로 둔 채 안뜨기방향으로 1코 걸러뜨기, [겉1, 안1] 2번, 2코 모아 겉뜨기, 7코 남을 때까지 겉뜨기, 오른코 모아뜨기*, [안1, 겉1] 2번, 겉1. → 2코가 준다.

설정된 패턴대로 7단을 뜬다.

위의 8단을 3번 더 반복한 다음 줄임단만 1번 더 뜬다. → 50(53, 56, 59, 62, 65, 68)코가 남는다.

설정된 패턴대로 6단을 뜬다. 겉면 단까지 뜨게 된다.

줄임단 2: (안면) 실을 편물 뒤로 둔 채 안뜨기하듯이 1코 걸러뜨기, [오른코 모아뜨기] 2번, 5코 남을 때까지 겉뜨기, [2코 모아 겉뜨기] 2번, 겉1. →46(49, 52, 55, 58, 61, 64)코가 남는다.

주머니 코 46(49, 52, 55, 58, 61, 64)코를 스티치홀더나 다른 실에 옮기고 실을 자르고 쉼코로 둔다.

연결단: (겉면) 쉼코로 두었던 몸판의 59(62, 65, 68, 71, 74, 77)코를 왼쪽 바늘에 옮긴다. 주머니를 표시한 콧수링을 뺀다. 주머니의 오른쪽 가장자리에 실을 연결하고 다음과 같이 뜬다.

1코 만들기, 겉29(30, 32, 33, 35, 36, 38), 2코 모아 겉뜨기, 겉28(30, 32, 33, 34, 36, 37), 주머니 콧수링 빼기, 1코 만들기, 끝까지 겉뜨기. → 총 144(162, 180, 198, 216, 234, 252)코.

겉뜨기로 9(9, 11, 11, 11, 13, 13)단을 뜬다.

허리선 만들기와 주머니 연결하기

설정단: ※겉1, 2코 모아 겉뜨기, 겉66(75, 84, 93, 102, 111, 120), 오른코 모아뜨기, 겉1, 콧수링 끼우기. ※표한 부분 1번 반복. → 140(158, 176, 194, 212, 230, 248)코가 남는다.

겉뜨기로 9단을 뜬다.

줄임단: ※겉1, 2코 모아 겉뜨기, 다음 콧수링 앞 3코 남을 때까지 겉뜨기, 오른코 모아뜨기, 겉1, 콧수링 옮기기. ※표한 부분 1번 반복. → 4코가 준다.

위의 10단을 1번 더 반복한다. → 132(150, 168, 186, 204, 222, 240)코가 남는다.

[겉뜨기로 7단 뜨고, 줄임단 뜨기] 2번. → 124(142, 160, 178, 196, 214, 232)코가 남는다.

겉뜨기로 5(5, 3, 3, 3, 1, 1)단을 뜬다.

주머니 연결단: 겉8(11, 14, 17, 20, 23, 26), 쉼코로 둔 주머니의 46(49, 52, 55, 58, 61, 64)코를 빈 바늘에 옮긴 다음 몸판 코들 앞으로 잡고, ※주머니의 1코와 몸판의 1코로 2코 모아 겉뜨기한다. 주머니가 다 연결될 때까지 ※표한 부분 반복하고, 끝까지 겉뜨기한다. → 여전히 124(142, 160, 178, 196, 214, 232)코.

겉뜨기로 7단을 뜬다.

늘림단: ※겉1, 1코 만들기, 다음 콧수링 앞 1코 남을 때까지 겉뜨기, 1코 만들기, 겉1, 콧수링 옮기기. ※표한 부분 1번 더. → 4코가 는다.

겉뜨기로 5단을 뜬다.

위의 6단을 4번 더 반복한다.→ 144(162, 180, 198, 216, 234, 252)코.

코 나눠 앞판 목둘레선 만들기

겉21(25, 29, 33, 37, 41, 45), 30(31, 32, 33, 34, 35, 36)코 코막음, 끝까지 겉뜨기. → 114(131, 148, 165, 182, 199, 216)코가 남는다.

실을 자른다.

요크

몸판의 21(25, 29, 33, 37, 41, 45)코를 줄바늘에 옮겨 바늘 끝이 앞판 가운데 목둘레선을 향하도록 한다. 다음과 같이 단면뜨기로 계속 뜬다.

연결단: 겉면을 마주 보고 앞판 오른쪽 목둘레선 가장자리에 실을 연결하고 16(19, 22, 25, 28, 31, 34)코를 뜬다. 쉼코로 두었던 소매 하나의 코를 막대바늘에 옮겨 (앞판의 1코와 소매의 1코를) 2코 모아 겉뜨기, 콧수링 끼우기, 몸판의 다음 8(10, 12, 14, 16, 18, 20)코(겨드랑이가 될 부분)를 스티치홀더나 다른 실에 옮겨두고, 소매의 50(50, 50, 50, 50, 52, 52)코를 뜨고, 콧수링을 끼우고, (소매의 1코와 몸판의 다음 코로) 오른코 모아뜨기, 뒤판의 62(69, 76, 83, 90, 97, 104)코를 뜨고, 남아 있는 소매의 코들을 막대바늘에 옮기고, (뒤판의 1코와 소매의 1코를) 2코 모아 겉뜨기하고, 콧수링을 끼우고, 몸판의 다음 8(10, 12, 14, 16,

18, 20)코(겨드랑이가 될 부분)를 스티치홀더에 옮겨 쉼코로 두고, 소매의 50(50, 50, 50, 50, 52, 52)코를 뜨고, 콧수링을 끼우고, (소매의 1코와 몸판의 다음 코를) 오른코 모아뜨기, 앞판의 16(19, 22, 25, 28, 31, 34)코를 뜬다. → 총 198(211, 224, 237, 250, 267, 280)코.

진동 만들기

줄임단 1: (안면) ※콧수링 앞 2코 남을 때까지 뜨기, 안뜨기에서 오른코 줄이기*, 콧수링 옮기기, 다음 콧수링 앞까지 뜨기, 콧수링 옮기기, 2코 모아 안뜨기. ※표한 부분 1번 반복하고 끝까지 뜬다. → 4코가 준다.

줄임단 2: (겉면) ※콧수링 앞 2코 남을 때까지 뜨기, 2코 모아 겉뜨기, 콧수링 옮기기, 다음 콧수링 앞까지 뜨기, 콧수링 옮기기, 오른코 모아뜨기. ※표한 부분 1번 반복하고 끝까지 뜬다. → 몸판의 4코가 준다.

위의 1~2단을 1(2, 3, 4, 5, 7, 8)번 더 반복하여 총 4(6, 8, 10, 12, 16, 18)단을 뜬다. 겉면 단까지 뜨게 된다. → 앞판 양쪽에 각 13(14, 15, 16, 17, 16, 17)코씩, 양 소매에 각 50(50, 50, 50, 50, 52, 52)코씩, 뒤판에 56(59, 62, 65, 68, 67, 70)코로 총 182(187, 192, 197, 202, 203, 208)코가 남는다.

[안면을 보고 안뜨기 1단, 줄임단 2]를 2(2, 2, 2, 2, 0, 0)번 더 반복한다. → 양 앞판에 각 11(12, 13, 14, 15, 16, 17)코씩, 양 소매에 각 50(50, 50, 50, 50, 52, 52)코씩, 뒤판에 52(55, 58, 61, 64, 67, 70)코로 총 174(179, 184, 189, 194, 203, 208)코가 남는다.

소맷마루 만들기

설정단: (안면) ※콧수링 앞 1코 남을 때까지 안뜨기, 안뜨기방향으로 1코 걸러뜨기, 콧수링 빼고 걸러뜨기한 코를 다시 왼쪽 바늘 끝으로 옮기고 다시 콧수링을 끼운다. 다음 콧수링 앞까지 안뜨기, 콧수링 빼기, 안1, 콧수링 다시 끼우기. ※표한 부분 1번 반복. 끝까지 뜨기. → 양 앞판에 각 10(11, 12, 13, 14, 15, 16)코씩, 양 소매에 각 52(52, 52, 52, 52, 54, 54)코, 뒤판에 50(53, 56, 59, 62, 65, 68)코로 여전히 총 174(179, 184, 189, 194, 203, 208)코.

줄임단 1: (겉면) ※콧수링 앞까지 뜨기, 콧수링 옮기기, 오른코 모아뜨기, 다음 콧수링 앞 2코 남을 때까지 뜨기, 2코 모아 겉뜨기, 콧수링 옮기기. ※표한 부분 1번 반복하고 끝까지 뜨기. → 양 소매에서 각 2코씩 준다.

안면을 마주 보고 1단을 뜬다.

위의 2단을 2(2, 2, 2, 2, 1, 1)번 반복한다. → 162(167, 172, 177, 182, 195, 200)코가 남는다. 양쪽 소매는 각 46(46, 46, 46, 46, 50, 50)코.

줄임단 1을 반복한다. → 양 소매에서 각 2코씩 준다.

줄임단 2: (안면) ※콧수링 앞까지 뜨기, 콧수링 옮기기, 2코 모아 안뜨기, 다음 콧수링 앞 2코 남을 때까지 뜨기, 안뜨기에서 오른코 줄이기, 콧수링 옮기기. ※표한 부분 1번 반복하고 끝까지 뜬다. → 양 소매에서 각 2코씩 준다.

줄임단 1~2(즉 매단에서 코 줄임)를 8(8, 8, 8, 8, 9, 9)번 더 반복한다. → 양 앞판에 각 10(11, 12, 13, 14, 15, 16)코씩, 양 소매 각 10코씩, 뒤판에 50(53, 56, 59, 62, 65, 68)코로 총 90(95, 100, 105, 110, 115, 120)코가 남는다.

소맷마루 윗부분과 뒤판 목둘레선을 사선 되돌아뜨기*로 다음과 같이 뜬다.

참고: 소매의 코들은 편물을 돌릴 때 에워싸지 않고, 목둘레선 가장자리의 코들은 에워싼다.

사선 되돌아뜨기 1: 겉면을 마주 보고 콧수링 앞까지 겉뜨기, 콧수링 옮기기, 오른코 모아뜨기, 편물 돌려 안면을 마주 보고, 실을 편물 앞에 둔 채 안뜨기하듯이 1코 걸러뜨기, 콧수링 옮기기, 끝까지 겉뜨기. → 1코가 준다.

사선 되돌아뜨기 1을 2번 더 반복한다.

사선 되돌아뜨기 2: 겉면을 마주 보고 콧수링 앞까지 뜨기, 콧수링 빼기, 오른코 모아뜨기, 다음 콧수링 앞 2코 남을 때까지 뜨기, 2코 모아 겉뜨기, 콧수링 옮기기, 20(21, 22, 23, 24, 25, 26)코 뜨기, 다음 코 에워싸기, 편물 돌려 안면을 마주 보고 다음 콧수링 앞까지 뜨기, 콧수링 옮기기, 실을 편물 앞에 둔 채 안뜨기하듯이 2코 걸러뜨기, 편물 돌리기. → 2코가 준다.

사선 되돌아뜨기 3: 겉면을 마주 보고 2코 모아 겉뜨기, 콧수링 옮기기, 17(18, 19, 20, 21, 22, 23)코 뜨기, 다음 코 에워싸기, 편물 돌려 마주 보고 콧수링 앞까지 뜨기, 콧수링 옮기기, 실을 편물 앞에 둔 채 안뜨기하듯이 2코 걸러뜨기, 편물 돌리기. → 1코가 준다.

사선 되돌아뜨기 4: 겉면을 마주 보고 2코 모아 겉뜨기, 콧수링 옮기기, 15(16, 17, 18, 19, 20, 21)코 뜨기, 다음 코 에워싸기, 편물을 돌려 안면을 마주 보고 콧수링 앞까지 뜨기, 콧수링 옮기기, 실을 앞으로 둔 채 안뜨기하듯이 2코 걸러뜨기, 편물 돌리기. → 1코가 준다.

사선 되돌아뜨기 5: 겉면을 마주 보고 2코 모아 겉뜨기, 콧수링 옮기기, 에워싼 실이 나타나면 에워싸인 코와 함께 떠 감추면서 다음 콧수링 앞까지 뜨기, 콧수링 옮기기, 오른코 모아뜨기, 편물을 돌려 안면을 마주 보고 실을 앞으로 둔 채 안뜨기방향으로 1코 걸러뜨기, 콧수링 옮기기, 20(21, 22, 23, 24, 25, 26)코를 뜨고, 다음 코 에워싸기, 편물 돌리기. → 2코가 준다.

사선 되돌아뜨기 6: 겉면을 마주 보고 콧수링 앞까지 뜨기, 콧수링 옮기기, 오른코 모아뜨기, 편물을 돌려 안면을 마주 보고, 실을 편물 앞으로 둔 채 안뜨기방향으로 1코 걸러뜨기, 콧수링 옮기기, 17(18, 19, 20, 21, 22, 23)코 뜨기. → 1코가 준다.

사선 되돌아뜨기 7: 겉면을 마주 보고 콧수링 앞까지 뜨기, 콧수링 옮기기, 오른코 모아뜨기, 편물을 돌려 안면을 마주 보고, 실을 편물 앞에 둔 채 안뜨기방향으로 1코 걸러뜨기, 콧수링 옮기기, 15(16, 17, 18, 19, 20, 21)코 뜨기. → 1코가 준다.

사선 되돌아뜨기 8: 겉면을 마주 보고 콧수링 앞까지 뜨기, 콧수링 빼기, 오른코 모아뜨기, 다음 콧수링 앞 2코 남을 때까지 뜨기, 2코 모아 겉뜨기, 콧수링 옮기기, 끝까지 뜨기. → 2코가 준다.

사선 되돌아뜨기 9: 안면을 마주 보고 콧수링 앞까지 뜨기, 콧수링 옮기기, 실을 편물 앞에 둔 채 안뜨기하듯이 2코 걸러뜨기, 편물을 돌려 겉면을 마주 보고 2코 모아 겉뜨기, 콧수링 옮기기, 끝까지 뜨기.→ 1코가 준다.

사선 되돌아뜨기 9를 2번 더 반복한다. → 74(79, 84, 89, 94, 99, 104)코가 남는다.

다음 단: (안면) 콧수링 앞까지 뜨기, 콧수링 빼기, 실을 편물 앞으로 둔 채 안뜨기방향으로 2코 걸러뜨기, 콧수링 옮기기, 10(11, 12, 13, 14, 15, 16)코 뜨기, 에워싼 실이 나오면 에워싸인 코와 함께 떠 감추면서 30(31, 32, 33, 34, 35, 36)코를

코막음하여 뒤판 목둘레선을 만든다. 다음 콧수링 앞까지 뜨기, 콧수링 빼기, 실을 편물 앞에 둔 채 안뜨기하듯이 2코 걸러뜨기, 끝까지 뜨기. → 양쪽 어깨에 22(24, 26, 28, 30, 32, 34)코씩 남는다.

각 어깨의 코들을 반으로 나눠 4.5mm 막대바늘 2개에 옮긴다. 편물의 겉면이 마주 닿도록 두 바늘을 평행으로 잡고, 바늘 3개를 이용한 코막음* 방법으로 어깨선을 연결한다.

칼라

3.75mm 줄바늘을 가지고 겉면을 마주 보고, 코막음한 목둘레선의 앞판 오른쪽 가장자리에서 시작하여 목둘레선 전체에 걸쳐 코가 고루 나뉘도록(대략 목선 가장자리에서 어깨까지는 1단에 1코씩, 어깨솔기에서 1코, 뒤판 코막음한 목둘레선에서는 1코에 1코씩, 목선 가장자리에서 앞판 코막음한 목둘레선까지는 1단에 1코씩, 앞판 목선 첫 번째 코막음한 코에서 1코)하여 116(120, 126, 130, 136, 138, 142)코를 줍는다.

1단: (안면) 오른코 모아뜨기, 안1, ※겉1, 안1. 1코 남을 때까지 ※표한 부분 반복, 실을 편물 앞으로 둔 채 안뜨기하듯이 1코 걸러뜨기.

2단: (겉면) 앞판 코막음한 코들 중 가장 가까운 코의 뒤쪽 고리에서 1코를 주워 왼쪽 바늘 끝에 옮긴다. 2코 모아 안뜨기, 겉1, ※안1, 겉1. 1코 남을 때까지 ※표한 부분 반복, 실을 편물 뒤로 둔 채 안뜨기하듯이 1코 걸러뜨기, [앞판의 다음 코막음한 코의 뒤쪽 고리에서 1코 줍기] 2번.

3단: 오른코 3코 모아뜨기*, 안1, ※겉1, 안1. 1코 남을 때까지 ※표한 부분 반복, 실을 편물 앞으로 둔 채 안뜨기하듯이 1코 걸러뜨기.

4단: [앞판 코막음한 코들 중 가장 가까운 코의 뒤쪽 고리에서 1코를 주워 왼쪽 바늘 끝에 옮기기] 2번, 3코 모아 안뜨기, 겉1, ※안1, 겉1. 1코 남을 때까지 ※표한 부분 반복, 실을 편물 뒤에 둔 채 안뜨기하듯이 1코 걸러뜨기, 앞판의 다음 코막음한 코의 뒤쪽 고리에서 1코 줍기.

위의 1~4단을 3(3, 4, 4, 4, 4, 4)번 반복한다. 사이즈에 따라 다음과 같이 계속 뜬다.

사이즈 86.5(96.5, 150.5)cm

앞판의 다음 코막음한 코의 뒤쪽 고리에서 1코 줍기.

5단: (안면) 오른코 3코 모아뜨기, 안1, ※겉1, 안1. 1코 남을 때까지 ※표한 부분 반복, 실을 편물 앞으로 둔 채 안뜨기하듯이 1코 걸러뜨기.

6단: (겉면) [앞판 코막음한 코들 중 가장 가까운 코의 뒤쪽 고리에서 1코를 주워 왼쪽 바늘 끝에 옮기기] 2번, 3코 모아 안뜨기, 겉1, ※안1, 겉1. 1코 남을 때까지 ※표한 부분 반복, 실을 편물 뒤로 둔 채 안뜨기하듯이 1코 걸러뜨기, 다음 코막음한 코의 뒤쪽 고리에서 1코 줍기.

사이즈 129(139.5)cm

1단과 2단을 반복하되, 2단의 마지막에서 1코만 줍는다.

모든 사이즈

다음과 같이 사선 되돌아뜨기를 하여 칼라 모양을 만든다.

사선 되돌아뜨기 1: 안면을 마주 보고 오른코 모아뜨기, ※안1, 겉1. 8코 남을 때까지 ※표한 부분 반복, 다음 코 에워싸기, 편물 돌려 겉면을 마주 보고 안1, ※겉1, 안1. 8코 남을 때까지 ※표한 부분 반복, 다음 코 에워싸기, 편물 돌리기.

사선 되돌아뜨기 2: 안면을 마주 보고 겉1, ※안1, 겉1.

에워싼 코 앞 4코 남을 때까지 ※표한 부분 반복, 다음 코 에워싸기, 편물을 돌려 겉면을 마주 보고 안1, ※겉1, 안1, 에워싼 코 앞 4코 남을 때까지 ※표한 부분 반복, 다음 코 에워싸기, 편물 돌리기.

사선 되돌아뜨기 3: 안면을 마주 보고 겉1, ※안1, 겉1. 에워싼 코 앞 2코 남을 때까지 ※표한 부분 반복, 다음 코 에워싸기, 편물 돌려 겉면을 마주 보고 안1 ※겉1, 안1. 에워싼 코 앞 2코 남을 때까지 ※표한 부분 반복, 다음 코 에워싸기, 편물 돌리기.

사선 되돌아뜨기 3을 2번 더 반복한 다음, 사선 되돌아뜨기 2를 1번 더 반복한다.

사선 되돌아뜨기 다음 단: 안면을 마주 보고 겉1, ※안1, 겉1. 에워싼 코 앞 6코 남을 때까지 ※표한 부분 반복, 다음 코 에워싸기, 편물 돌려 겉면을 마주 보고 안1, ※겉1, 안1. 에워싼 코 앞 6코 남을 때까지 ※표한 부분 반복, 다음 코 에워싸기, 편물 돌리기.

위 사선 되돌아뜨기 단 2번 더 반복.

다음 단: (안면) ※겉1, 안1. 1코 남을 때까지 ※표한 부분 반복하면서 에워싼 실이 나타나면 에워싸인 코와 함께 떠서 감춘다. 실을 편물 앞으로 둔 채 안뜨기하듯이 1코 걸러뜨기.

사이즈에 따라 다음과 같이 계속 뜬다.

사이즈 86.5(107.5, 129, 150.5)cm

다음 단: (겉면) 앞판 코막음한 코들 중 가장 가까운 코의 뒤쪽 고리에서 1코를 주워 왼쪽 바늘 끝에 옮기고, 다음과 같이 뜨면서 계속 코막음한다.

2코 모아 안뜨기, ※겉1, 안1. 에워싼 실이 나타나면 함께 떠 감추면서 끝까지 ※표한 부분 반복.

사이즈 96.5(118, 139.5)cm

다음 단: (겉면) 앞판 코막음한 코들 중 가장 가까운 코의 뒤쪽 고리에서 1코를 주워 왼쪽 바늘 끝에 옮기고, 2코 모아 안뜨기, 겉1, ※안1, 겉1. 에워싼 실이 나타나면 함께 떠 감추면서 1코 남을 때까지 ※표한 부분 반복, 실을 편물 뒤에 둔 채 안뜨기하듯이 1코 걸러뜨기.

다음 단: (안면) 코막음한 다음 코의 뒤쪽 고리에서 1코를 줍고, 다음과 같이 뜨면서 계속 코막음한다. 2코 모아 안뜨기, ※겉1, 안1. 끝까지 ※표한 부분 반복.

마무리

옷의 안팎을 뒤집는다. 쉼코로 두었던 겨드랑이 코들을 절반씩 3.75mm 막대바늘 두 개에 옮기고 구멍이 생기지 않도록 각 바늘의 양쪽 끝에서 1코씩 줍는다. 겉면이 마주 닿도록 두 바늘을 평행으로 잡고 바늘 3개를 이용한 코막음 방법으로 모든 코를 연결한다.

남은 실꼬리들을 편물에 엮어 감추고, 치수에 맞게 블로킹*한다.